Kleine
Deutschlandkunde

Deutschland und seine Nachbarn

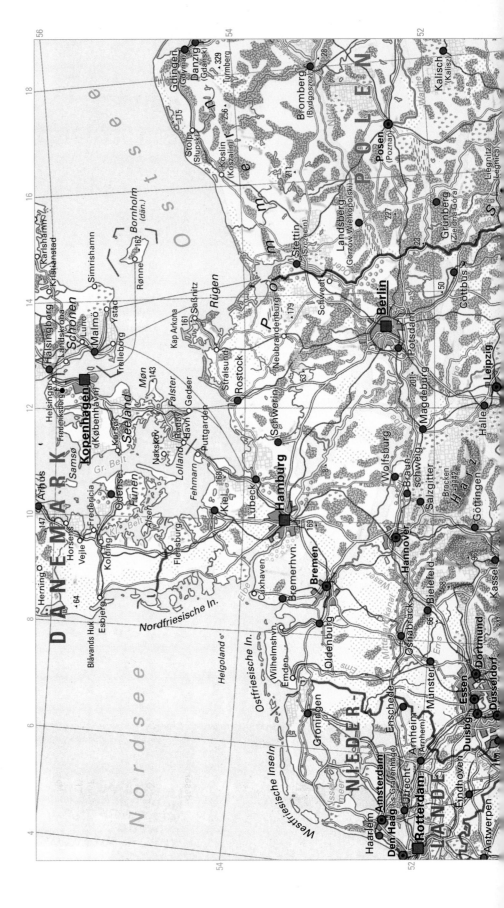

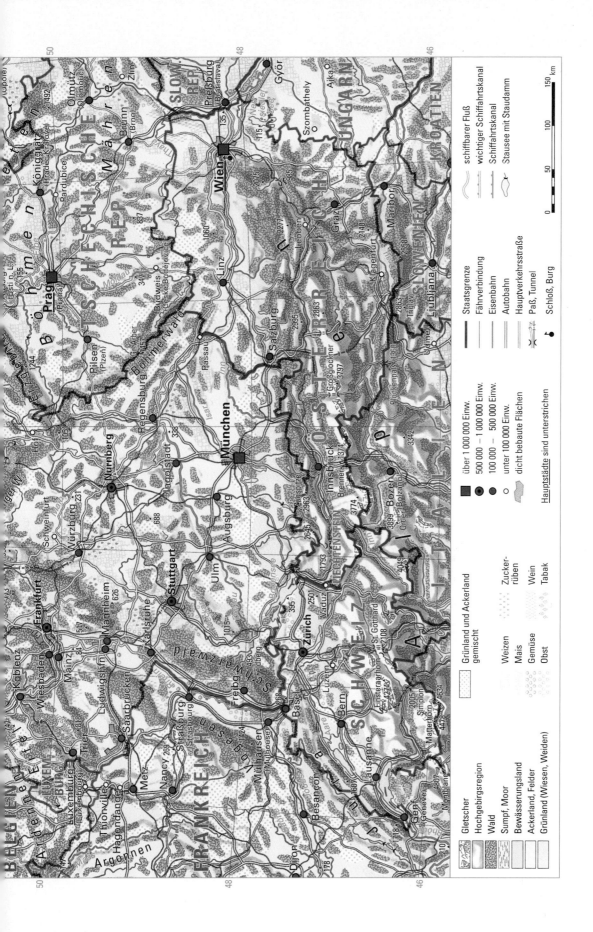

Kleine Deutschlandkunde.
Ein erdkundlicher Überblick
von Gerhard Friedrich Schmid

Dieses Unterrichtswerk entstand in Zusammenarbeit mit dem Bundesverwaltungsamt,
Zentralstelle für das Auslandswesen, Köln
in der Verlagsredaktion Geographie/Kartographie

 Gedruckt auf Papier aus
chlorfrei gebleichtem Zellstoff,
säurefrei.

2. Auflage   2 ¹² ¹¹ ¹⁰ ⁹ | 2000   99

Karten: Klett (I. Meier, W. Scivos)
Grafik: R. Hungreder
Druck: KLETT DRUCK H. S. GmbH Korb
ISBN 3-12-487200-2

Kleine Deutschlandkunde

Ein erdkundlicher Überblick

Gerhard Friedrich Schmid

Ernst Klett Schulbuchverlag
Stuttgart Düsseldorf Berlin Leipzig

Diese Brücke führt auf die Insel Fehmarn in der Ostsee. Sie gehört zur „Vogelfluglinie", welche Deutschland mit Dänemark verbindet.

Dieses Buch ist wie eine Brücke. Es führt zu den Landschaften, Städten und Menschen in Deutschland.

Inhalt der Karten und Kapitel

8

Erdteil Europa

- Nordeuropa
- Westeuropa
- Mitteleuropa
- Osteuropa
- Südosteuropa
- Südeuropa

Europäische Gemeinschaft (EG)

Belgien	Frankreich	Irland	Niederlande
Bundesrepublik Deutschland	Griechenland	Italien	Portugal
Dänemark	Großbritannien	Luxemburg	Spanien

In Europa zu Hause

Köln, am Rheingarten, 8. August

Hallo Freunde!

Heute morgen bin ich mit Pierre Bonnet von Paris nach Köln gefahren. Wir haben uns im Zug kennengelernt. Der Dom, die Altstadt und der Rhein – hier gibt's viel Kultur und viel Atmosphäre. Heute abend reisen wir gemeinsam weiter nach Berlin. Von dort aus geht ein Zug bis nach Moskau. Das wäre 'ne tolle Fahrt! Aber für uns leider zu teuer. Köln läßt schön grüßen! Tschüß!

Eure Petra

Das ist der Fahrplan für eine Reise mit dem Zug von West nach Ost quer durch Europa:

Mittwoch, 8. 8.	Paris	ab	7.27 Uhr
	Köln	an	12.38 Uhr
		ab	22.40 Uhr
Donnerstag, 9. 8.	Hannover		2.13 Uhr
	Berlin	an	6.34 Uhr
		ab	6.58 Uhr
	Warschau	an	16.10 Uhr
		ab	18.10 Uhr
Freitag, 10. 8.	Moskau	an	15.17 Uhr

Jeden Tag fahren viele internationale Züge durch Europa, zum Beispiel von Stockholm nach Kopenhagen und weiter nach Hamburg; von Paris über Madrid nach Lissabon; von Rom über Florenz, Innsbruck nach München; von München über Wien nach Budapest. An den Grenzen müssen die Züge heute meistens nicht mehr anhalten. Die Touristen werden im fahrenden Zug kontrolliert.

Die Grenzen trennen heutzutage nicht mehr die Nationen. Es gibt viele Verbindungen, die über die Grenzen reichen, zum Beispiel bei Freundschaften, in Familien, beim Fußball und bei anderen sportlichen Veranstaltungen, bei Konzerten und anderen kulturellen Veranstaltungen, in der Wirtschaft und in der Politik.

Ein Brasilianer fragt in Rio de Janeiro zwei junge Touristen: Woher kommt ihr?

Der eine antwortet: Ich bin Deutscher und komme aus Europa. Der andere sagt: Ich bin Europäer und komme aus Deutschland.

Welch ein Unterschied!

Gute Fahrt! Die Züge verbinden Europa

Europa ist ein kleiner Kontinent mit vielen Staaten. Deutschland liegt in der Mitte Europas und hat auf allen Seiten an seinen Grenzen Nachbarn, insgesamt neun Staaten. Kein anderes Land in Europa hat so viele Nachbarstaaten.

Besonders wichtig sind die politischen und wirtschaftlichen Verbindungen zwischen den Staaten der **Europäischen Gemeinschaft (EG)**. Diese zwölf Staaten sind gleichberechtigte politische Partner und sie sind Partner im gemeinsamen europäischen Markt.

Die EG deckt uns den Tisch

In einem Supermarkt in Deutschland kann man viele Waren aus den Ländern der EG kaufen. Oft sind die Preise gleich wie die für deutsche Waren, manchmal sind die Preise niedriger.

Woher?	Nahrungsmittel und Getränke
B	Salat, Gemüse
DK	Butter, Käse
E	Wein, Zitrusfrüchte
F	Käse, Wein
GB	Tee
GR	Wein, Oliven, Pfirsiche
IRL	Whisky
I	Teigwaren, Wein, Zitrusfrüchte
NL	Tomaten, Käse, Eier
P	Fischkonserven, Wein

Deutschland früher

1937

1945

Amerikanischer, britischer und französischer Sektor

Sowjetischer Sektor

unter sowjetischer Verwaltung

unter polnischer Verwaltung

Berlin

Pommern

Ostpreußen

Schlesien

A Amerikanische Zone
B Britische Zone
F Französische Zone
S Sowjetische Zone

1949

BUNDES-

REPUBLIK

DEUTSCHLAND

Berlin (West) (Ost)

Deutsche Demokratische Republik

Ostgrenze des Deutschen Reiches vom 31. 12. 1937 *

*unter Berücksichtigung des Fortbestehens der Viermächte-verantwortung für Deutschland als Ganzes und der Recht-sprechung des Bundesverfassungsgerichts zum Grundla-genvertrag und zu den Ostverträgen

Die Gedächtnis-Kirche

Die drei Bilder links zeigen dieselbe Kirche. Sie steht im Zentrum von Berlin, mitten im Verkehr der Millionenstadt.

Fünf wichtige Epochen der deutschen Geschichte hat diese Kirche gesehen und erlebt, gute und schlechte Zeiten. Im Jahr 1891 hat man angefangen, die Kirche zu bauen. In der Hauptstadt Berlin feierte damals **das Deutsche Kaiserreich** sein 20jähriges Jubiläum. Die Kirche hat den Namen des ersten deutschen Kaisers bekommen, sie heißt Kaiser-Wilhelm-Gedächtnis-Kirche. Kaiser Wilhelm I. war damals schon tot. Sein Nachfolger war Wilhelm II.

Vier Jahre lang wurde Stein auf Stein gesetzt, und im Jahr 1895 war die Kirche fertig. Sie war groß und hatte viele Türme.
Die Kirche war erst 23 Jahre alt, da begann **der Erste Weltkrieg**; er dauerte von 1914 bis 1918. Als der Krieg zu Ende war, war auch das Kaiserreich zu Ende.
Danach erlebte die Gedächtnis-Kirche eine neue Epoche, **die Weimarer Republik**. Das war der erste demokratische Staat in Deutschland. Er bestand von 1918 bis 1933.
Im Jahr 1933 begann **der Nationalsozialismus mit der Diktatur Hitlers**. Berlin war immer noch die Hauptstadt des Deutschen Reiches.

Im Jahr 1939 begann **der Zweite Weltkrieg**. Er dauerte bis 1945. In diesen Kriegsjahren wurden 55 Millionen Menschen getötet und viele Städte zerstört, auch die Reichshauptstadt Berlin. Die Gedächtnis-Kirche war 54 Jahre alt, als sie auch von Bomben getroffen wurde. Nur die Ruine eines halben Turms ist noch übriggeblieben.
Im Jahr 1945 hatte Deutschland den Krieg verloren, und der Nationalsozialismus war zu Ende. **Die Alliierten** (die USA, Großbritannien, Frankreich und die Sowjetunion) waren die Sieger. Sie besetzten das Deutsche Reich und teilten es in **vier Besatzungszonen**.
Auch die Hauptstadt Berlin wurde geteilt.

Viele Deutsche hatten in den Ostgebieten des Deutschen Reichs (in Pommern, Schlesien und Ostpreußen) gelebt, viele andere in den osteuropäischen Staaten. Fast alle flüchteten oder wurden aus ihrer Heimat vertrieben. 4,5 Millionen **Vertriebene** kamen in die sowjetische Zone und 7,8 Millionen in die drei Westzonen. Viele Menschen sind aber auch unterwegs gestorben.

An den Flüssen Oder und Neiße haben die Alliierten die neue Ostgrenze (die Oder-Neiße-Grenze) festgelegt. Pommern, Schlesien und Ostpreußen gehören heute zu Polen, und ein Teil von Ostpreußen gehört zur Sowjetunion.

Auch die Zeit nach dem Krieg war sehr schwer. Viele Menschen hatten keine Wohnung mehr. Beim **Wiederaufbau** mußten die Frauen harte Arbeit leisten, denn viele Männer waren im Krieg gefallen. Viele Menschen hatten Hunger. Aber es gab auch Hilfe für die Deutschen, vor allem von den Amerikanern. Sie schickten viele Millionen Pakete mit Eßwaren nach Deutschland, und in den Schulen bekamen die Kinder jeden Tag etwas zu essen oder zu trinken.
Wie sollte die politische Zukunft Deutschlands aussehen? Die drei Westmächte wollten einen pluralistischen Staat mit vielen politischen Parteien und einem starken Parlament. Die Sowjetunion wollte einen sozialistischen Staat, der von der kommunistischen Partei geführt wird. Die Alliierten konnten sich nicht einigen, und so kam es zur Gründung von zwei deutschen Staaten. Am 23. Mai 1949 wurde **die Bundesrepublik Deutschland** gegründet; sie entstand aus den drei westlichen Zonen. Am 7. Oktober 1949 wurde **die Deutsche Demokratische Republik** gegründet; sie entstand aus der sowjetischen Zone.

Die Kaiser-Wilhelm-Gedächtnis-Kirche ist heute rund 100 Jahre alt. Die Ruine ist ein Monument, das uns an den Krieg erinnert. Daneben wurde eine neue, moderne Kirche gebaut. Sie hat Wände aus farbigem Glas. Viele Christen beten hier für den Frieden.

Nordsee

Ostsee

DK

Schleswig-

Nord-Ostsee-Kanal

● Kiel

Helgoland ○ →

Holstein

Mecklenburg -
Vorpommern

Müritz

Hamburg

Hamburg ●

Schwerin ●

Bremen

Bremen ●

Elbe

Havel

PL

N i e d e r s a c h s e n

Weser

Mittelland-kanal

Berlin
Berlin ■

Potsdam ●

Oder

NL

Hannover ●

Magdeburg ●

B r a n d e n b u r g

Oder

Ems

Sachsen-

Anhalt

Spree

Rhein

Nordrhein-

Ruhr

Saale

S a c h s e n

Neiße

Düsseldorf ●

Westfalen

Fulda

Dresden ●

12

Bonn ■

Lahn

Erfurt ●

Thüringen

Werra

Elbe

B

H e s s e n

CS

Rheinland -

Wiesbaden ●

Main

TSCHECHISCHE
REPUBLIK

L

Mosel

Mainz ●

Pfalz

Main-Donau-Kanal

Saarland

B a y e r n

Saarbrücken ●

Altmühl

Baden-

Rhein

Stuttgart ●

Neckar

Isar

Donau

F

W ü r t t e m b e r g

München ●

Inn

Donau

Iller

Lech

A

Bodensee

CH

0   100   200 km

■ <u>Berlin</u> — Hauptstadt der Bundesrepublik Deutschland
■ <u>Bonn</u> — Regierungssitz der Bundesrepublik Deutschland

● Hauptstädte der Bundesländer (Landeshauptstädte)

Einigkeit und Recht und Freiheit

41 Jahre lang existierten zwei deutsche Staaten nebeneinander. Die Verfassung und der politische Aufbau der beiden Staaten waren unterschiedlich. Die **Deutsche Demokratische Republik (DDR)** war ein sozialistischer Staat. Es gab keine privaten Fabrikbesitzer, keine privaten Bauernhöfe, keine privaten Hausbesitzer. Die Industrie, alle großen Agrarflächen, alle großen Wohngebäude und alle öffentlichen Verkehrsmittel waren Gemeineigentum, d. h. sie gehörten dem Staat oder Genossenschaften. Es sollte eigentlich keinen Unterschied zwischen reichen und armen, zwischen besitzenden und besitzlosen Menschen geben. Alle Menschen sollten gleich sein.

Die Führung im Staat hatte die Sozialistische Einheitspartei Deutschlands (SED). Das Parlament und die Regierung wurden von der SED geführt und gelenkt. In der DDR herrschte eine Diktatur der SED, ein System der Unfreiheit und des Unrechts.

Im Sommer und Herbst des Jahres 1989 sind mehr als 225 000 Menschen aus der DDR geflohen. Sie sind auf Umwegen durch Ungarn, durch die Tschechoslowakei und durch Polen in die Bundesrepublik Deutschland gekommen.

Ein Reporter fragte in München drei junge Leute: Dies ist Ihr erster Tag in der Bundesrepublik. Woher kommen Sie? Warum haben Sie die DDR verlassen?

Sondermarke der Deutschen Bundespost zur Entstehung des Deutschlandlieds am 26. August 1841

Im Herbst 1989 begannen in der DDR große, friedliche Demonstrationen. Die Demonstranten forderten Reisefreiheit, Meinungsfreiheit, Pressefreiheit und freie Wahlen. Viele hunderttausend Menschen riefen „WIR sind das Volk" und forderten demokratische Reformen. Das politische System der DDR brach zusammen. Die SED und die Regierung verloren die Macht im Staat. Neue politische Parteien entstanden. Die Grenze zur Bundesrepublik Deutschland wurde geöffnet. Die Berliner Mauer brach zusammen. Am 18. März 1990 gab es in der DDR die ersten freien Wahlen. Eine neue, echte Demokratie war entstanden.

Am 3. Oktober 1990 wurde die DDR mit der Bundesrepublik Deutschland vereinigt. Auf dem Gebiet der DDR bildeten sich fünf neue Bundesländer: Thüringen, Sachsen, Brandenburg, Sachsen-Anhalt und Mecklenburg-Vorpommern; Berlin (Ost) und Berlin (West) wurden vereinigt und bildeten das Bundesland Berlin.

Berlin ist auch die neue Hauptstadt Deutschlands. Der 3. Oktober ist der **Tag der Deutschen Einheit**, der nationale Feiertag der Bundesrepublik Deutschland.

Die **Bundesrepublik Deutschland** ist ein föderalistischer Staat. Im politischen Leben gibt es viele, unterschiedliche Parteien und gesellschaftliche Gruppen. Am 2. Dezember 1990 wählten zum ersten Mal alle Deutschen gemeinsam einen neuen **Bundestag**. So nennt man in Deutschland das Parlament.

Jetzt haben wir die äußere Einheit – und die innere Einigkeit? Zwischen den 10 alten und den 5 neuen Bundesländern gibt es große wirtschaftliche und soziale Unterschiede. In den neuen Bundesländern fehlen z. B. Arbeitsplätze und Lehrstellen. „Einigkeit und Recht und Freiheit" – das sind die großen Verpflichtungen für die Zukunft Deutschlands und Europas.

13

Claudia (20), Abiturientin: Ich bin noch jung und kann nicht mehr länger in einer Diktatur leben. Ich will mir mein Weltbild nicht vorschreiben lassen. Ich will selbst erfahren, wer ich bin, und das kann ich in der DDR nicht. Ich habe meinen Eltern nicht gesagt, daß ich raus wollte.

Annette (18), Kindergärtnerin: Wir zwei sind zusammen aus Magdeburg weggegangen. Was ich will? Arbeiten, aber so, daß das für mich auch einen Sinn hat. Drüben ist der Lebensweg vorgeschrieben. Entweder man macht mit, was alle machen, oder nichts geht.

Joachim (23), Student aus Berlin (Ost): Man bestellt 'ne Wohnung – nach 5 Jahren kriegt man sie. Man bestellt ein Auto – nach 15 Jahren ist es da. Demokratie aber gibt's nicht zu bestellen. Da kannst du ewig warten.

Berlin

Vier Viertel – zwei Halbe – ein Ganzes

Am Ende des Zweiten Weltkriegs teilten die Alliierten Berlin, die zerstörte Hauptstadt Deutschlands, in vier Sektoren: Die Sowjetunion besetzte den östlichen Sektor; Frankreich, Großbritannien und die USA besetzten den westlichen Teil.

Im Jahr 1949 erklärte die DDR den sowjetischen Sektor zu ihrer Hauptstadt. Am 13. August 1961 fing die DDR an, an der Grenze zu den drei Westsektoren die „Mauer" zu bauen. Sie mauerte 68 Übergänge zu und schnitt ungefähr 200 Straßen ab. Von 1961 bis 1990 waren Berlin (Ost) und Berlin (West) voneinander getrennt.

Berlin (West) lag wie eine Insel in der DDR. Wer zum Beispiel mit dem Auto von Hamburg nach Berlin (West) fahren wollte, der mußte zwei Mal über die Grenze. Er mußte östlich

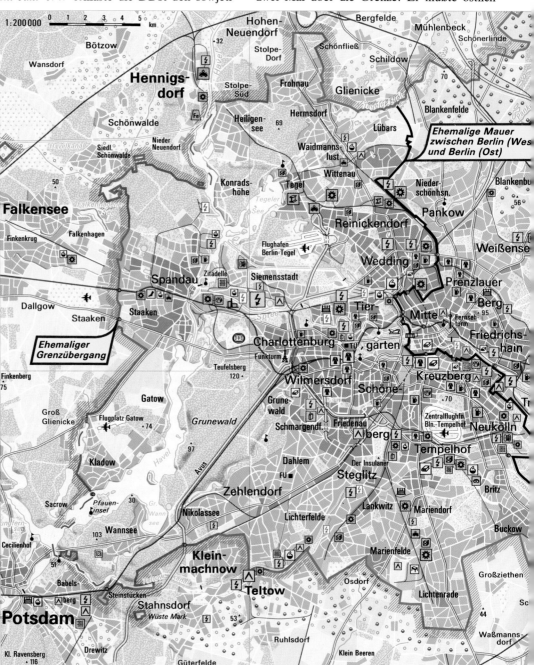

Berlin und ehemalige Sektorengrenzen

von Hamburg aus der Bundesrepublik
Deutschland ausreisen und in die DDR einrei-
sen; dann fuhr er auf der Autobahn durch die
DDR; danach mußte er wieder aus der DDR
ausreisen und nach Berlin (West) einreisen.
Während der Revolution im Herbst 1989 in der
DDR wurde die Mauer wieder geöffnet. Seit
dem 3. Oktober 1990 ist Berlin wieder vereint.
Die Stadt hat rund 3,4 Millionen Einwohner.
Sie ist die größte Stadt und die Hauptstadt der
Bundesrepublik Deutschland.

Das Brandenburger Tor 1938 ▲

▲ 1980   1990 ▼

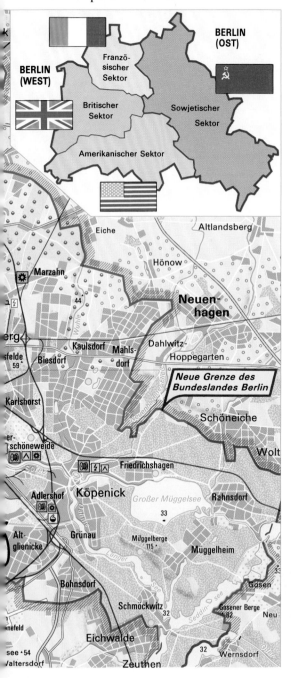

Großlandschaften

Nordsee

Ostsee

L

DK

Fehmarn

Rügen

Helgoland

Kiel

Hamburg

Schwerin

Bremen

T I E F L A N D

Berlin

Weser

Elbe

Oder

NL

Hannover

Spree

Oder

Ems

Rhein

Harz

Neiße

Dortmund

Ruhr

Rothaar-
gebirge

Düsseldorf

Leipzig

Dresden

M I T T E L -

Werra

Fulda

Erfurt

Bonn

Erzgebirge

Westerwald

Thüringer Wald

Rhön

Lahn

Eifel

Fichtel-
gebirge

B

Taunus

Frankfurt

CS

Mosel

Hunsrück

Main

Würzburg

L

G E B I R G E

Fränkische
Alb

Bayerischer Wald

F

Stuttgart

Schwarzwald

Schwäbische Alb

Rhein

Neckar

Donau

Isar

Donau

München

Inn

A L P E N V O R L A N D

Lech

A

Iller

Bodensee

Garmisch–
Partenkirchen

FL

CH

A   l   p   e   n

16

0   100   200 km

I

Von der Nordsee zu den Alpen

Wir wollen von Norden nach Süden durch Deutschland reisen. Gestern waren wir auf der Insel Sylt in der **Nordsee**, dem nördlichsten Punkt Deutschlands.

Heute früh stiegen wir in Hamburg-Hauptbahnhof in einen Ferien-Reisezug ein. Wir hörten noch aus dem Lautsprecher die Ansage: „Zum ALPEN-SEE-EXPRESS, über Hannover, Würzburg, München, Garmisch-Partenkirchen nach Innsbruck, Abfahrt 8.25 Uhr, bitte einsteigen. Vorsicht am Zug! Wir wünschen eine angenehme Reise."

Südlich von Hamburg fährt der Zug sehr schnell, denn die Fahrt geht auf langen, geraden Strecken durch **das Norddeutsche Tiefland**. In der weiten Ebene sehen wir große Getreidefelder und Wiesen, dazwischen liegen einzelne Bauernhöfe, die von Bäumen umgeben sind.

Südlich von Hannover, nach eineinhalb Stunden Fahrt, ändert sich die Landschaft. Am Horizont erscheinen Berge. Das ist **das Deutsche Mittelgebirge**. Es sieht aus wie eine Spielzeuglandschaft: Da liegen kleine Berge und Hügel mit Wäldern, dazwischen Felder und Wiesen, und in den Flußtälern Städte und Fabriken. Es geht jetzt durch Tunnels und über hohe Brükken. Um 12.42 Uhr erreicht der Zug Würzburg, wo er auf einer großen Brücke den Main überquert. Jetzt sind wir in Süddeutschland, und weiter geht die Fahrt durch das Mittelgebirge.

Südlich der Donau kommen wir in **das Alpenvorland**. Es liegt wie ein großer, welliger, grüner Teppich vor den Alpen. Die Hügel sind langgestreckt und niedrig, dazwischen liegen Wiesen und kleine Seen. Kühe sind auf der Weide. Um 15 Uhr sind wir in München.

Südlich von München sehen wir am Horizont hohe Berge. Wir sind nahe am **Hochgebirge der Alpen**. Um 16.30 Uhr steigen wir in Garmisch-Partenkirchen aus. Jetzt sind wir ganz im Süden des Landes. Wir sind 910 km weit gefahren. Hoch über der Stadt sehen wir die Zugspitze, den höchsten Berg Deutschlands. Morgen wollen wir mit der Bergbahn auf den Gipfel hinauffahren. Er liegt beinahe 3000 m über dem Meeresspiegel.

Tiefland

Mittelgebirge

Alpenvorland

Hochgebirge (Alpen)

Fremdenverkehr

18

Nordsee · Nord-friesische Inseln · Ostsee · Rügen · Usedom

Sylt · Westerland · Damp · Fehmarn · Heringsdorf
St. Peter-Ording · Helgoland · Büsum · Holstein. Schweiz · Grömitz · Mecklenburgische Seenplatte · Möritz
Ostfriesische Inseln · Norderney · Wangerooge · Cuxhaven · Timmendorfer Strand
Borkum · Lüneburger Heide · Elbe · Oder · Neiße

Bad Oeynhausen · Teutoburger Wald · Bad Salzuflen · Weser-bergland · Harz · BERLIN
Bad Lippspringe · Altenau
Winterberg · Willingen · Saale · Sächsische Schweiz
Schmallenberg · Sauerland · Bad Wildungen · Thüringer Wald · Oberhof · Erzgebirge
Westerwald · Bad Nauheim · Rhön · Frankenwald · Fichtelgebirge
Eifel · Bad Orb · Bad Kissingen · Spessart · Oberpfälzer Wald
Mosel · Hunsrück · Main · Fränkische Schweiz · Bayerischer Wald · Bodenmais · Grafenau
Pfälzer Wald · Odenwald · Fränkische Alb · Altmühltal · Bad Füssing
Baiersbronn · Bad Mergentheim · Donau · Oberbayern
Freudenstadt · Neckar · Schwäbische Alb · Bad Wörishofen · Bad Reichenhall
Schwarzwald · Allgäu · Bayerische Alpen · Berchtesgaden · Salzburger Alpen
Bodensee · Garmisch-Partenkirchen · Reit im Winkl
Oberstdorf · Mittenwald · Allgäuer Alpen

Damp · Altenau · Oberhof · Bad Nauheim · Bad Orb · Bad Kissingen · Bad Mergentheim · Bad Wörishofen

0   100   200 km

Allgäu — Fremdenverkehrsgebiet, Erholungsgebiet

Waldlandschaft

sonstige für die Erholung geeignete Landschaften

Fremdenverkehrsorte

⌂ Ferienort, Kurort mit Sommer- und Wintersaison
⬠ Ferienort, Kurort mit vorherrschender Sommersaison
⌂ Seebad, Ferienort in Küstennähe mit kurzer Sommersaison
⬠ Heilbad, z. B. Mineralbad, Thermalbad

große Siedlungsflächen

Übernachtungen pro Jahr

⌂ über 1 000 000
⌂ 500 000 – 1 000 000
⬠ unter 500 000

DK · PL · NL · B · L · F · CH · A · CS

Badeferien an der Ostseeküste   **Winterferien in Reit im Winkl**

Wohin in den Ferien?

Die Reisebüros machen interessante Angebote: „Möchten Sie in den Sommerferien zum Baden auf die Insel Sylt, oder machen Sie lieber einen Segelkurs am Bodensee? Wie wär's mit einem Winterurlaub? Reisen Sie zum Schifahren in die Bayerischen Alpen oder zum Schiwandern in den Schwarzwald!"

Wir haben immer mehr Freizeit, und der Wohlstand nimmt zu. Deshalb machen auch immer mehr Menschen **Urlaubsreisen**. Rund 56 Millionen Deutsche machen in jedem Jahr eine oder zwei Urlaubsreisen. Rund zwei Drittel der Reisen gehen ins Ausland, vor allem nach Italien, Spanien, Österreich und Frankreich. Rund 37 Millionen machen lieber eine Reise in Deutschland.

Außerdem kommen mehr als 14 Millionen **Touristen** jedes Jahr nach Deutschland, um hier ihre Ferien zu verbringen. Es sind vor allem Niederländer, Amerikaner aus den USA, Briten und Franzosen. Sie besuchen natürlich die berühmten deutschen Städte, zum Beispiel München, Berlin, Potsdam, Dresden oder Hamburg. Sie verbringen aber auch gerne ihre Ferien in den schönen Landschaften Deutschlands.

Die beliebtesten **Feriengebiete in Deutschland** sind:
- die Alpen und der Alpenrand,
- der Schwarzwald und der Bodensee,
- das Sauerland, das Weserbergland und der Harz,
- der Thüringer Wald,
- die Sächsische Schweiz und das Erzgebirge sowie
- die Küsten der Nord- und Ostsee mit ihren Inseln.

Die **Ferienorte** haben für ihre Gäste viele Hotels, Pensionen und Gasthöfe. Außerdem gibt es dort viele Restaurants und Cafés, aber auch Sportanlagen, Hallen- und Freibäder oder Wanderwege.

Die **Seebäder** an den deutschen Küsten haben nur eine kurze **Sommersaison**, das heißt, sie haben nur in den Sommermonaten Juni bis August viele Feriengäste.

Die **Heilbäder** und **Kurorte** haben das ganze Jahr über Kurgäste. Dort gibt es Ärzte und Kurbäder, Kurhäuser und Sanatorien. Bei einer Kur soll man sich richtig erholen. Sie dauert mehrere Wochen. Es gibt viele solche Orte in den Mittelgebirgen und am Alpenrand.

20

Nordsee

Ostsee

DK

Nationalpark Schleswig–Holsteinisches Wattenmeer

Nationalpark Vorpommersche Boddenlandschaft

Nationalpark Jasmund

Südost – Rügen

Hüttener Berge – Wittensee

Westensee

Holsteinische Schweiz

K

R

Helgoland

Nationalpark Hamburgisches Wattenmeer

Aukrug

Nationalpark Niedersächsisches Wattenmeer

L

Lauenburgische Seen

S

Schaalsee

Nationalpark Müritz

W

B

H

Harburger Berge

Müritz

O

B

Lüneburger Heide

Elbufer– Drawehn

Wildeshauser Geest

Südheide

B

Schorfheide – Chorin

NL

Dümmer

Steinhuder Meer

Drömling

Märkische Schweiz

P

Wiehengebirge

H

W

Nördlicher Teutoburger Wald

O

Weserbergland

B

Elm– Lappwald

Spreewald

Hohe Mark

B

Schaumburg– Hameln

H

Mittlere Elbe

M

C

Eggegebirge und Südlicher Teutoburger Wald

P

Solling– Vogler

Nationalpark Hochharz

D

E

D

Arnsberger Wald

G

Harz

H

D

Diemelsee

Münden

L

Schwalm– Nette

M

Homert

Habichtswald

K

Meißner– Kaufunger Wald

C

Nationalpark Sächsische Schweiz

Kottenforst– Ville

K

Ebbegebirge Bergisches Land Siebengebirge

Rothaargebirge

S

E

J

D

A

B

Nordeifel

Rhein– Westerwald

Hoher Vogelsberg

Hessische Rhön

Rhön

G

B

Nassau

Hochtaunus

Vessertal

Z

K

Südeifel

Rhein–Taunus

Hessischer Spessart

Bayerische Rhön

Frankenwald

Fichtelgebirge

TSCHECHISCHE REPUBLIK

L

M

W

F

Haßberge

D

Bayerischer Spessart

Steinwald

CS

Saar– Hunsrück

Bergstraße– Odenwald

W

Steigerwald

Fränkische Schweiz– Veldensteiner Forst

Hessenreuther und Manteler Wald

S

H

Neckartal– Odenwald

Nördlicher Oberpfälzer Wald

Pfälzerwald

L

E

Oberpfälzer Wald

M

H

N

Oberer Bayerischer Wald

Stromberg– Heuchelberg

H

Schwäbisch– Fränkischer Wald

Frankenhöhe

K

P

S

Altmühltal

R

Bayerischer Wald

Nationalpark Bayerischer Wald (auch Biosphärenreservat)

Schönbuch

I

F

U

A

Obere Donau

Augsburg– Westliche Wälder

M

F

Bodensee

Nationalpark Berchtesgaden

CH

B

L

Nordsee

Rhein

Ems

Weser

Elbe

Oder

Neiße

Elbe

Saale

Fulda

Werra

Main

Mosel

Rhein

Neckar

Donau

Donau

Lech

Inn

A

PL

Legend:

Nationalpark (überwiegend Naturschutzaufgaben)

größeres Naturschutzgebiet

Naturpark (überwiegend Erholungsaufgaben)

Biosphärenreservat (Natur- und Landschaftsschutzgebiet mit internationalen Forschungsaufgaben)

große Siedlungsflächen

0   100   200 km

Im Naturpark Stromberg-Heuchelberg

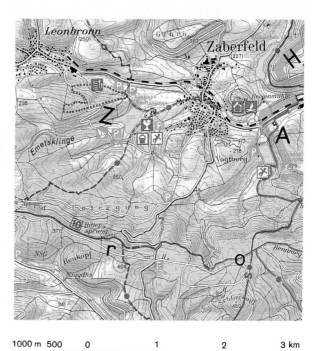

1000 m 500   0   1   2   3 km

Freizeit- und Erholungseinrichtungen

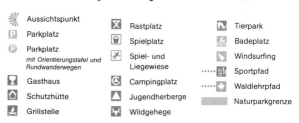

	Aussichtspunkt		Rastplatz		Tierpark
	Parkplatz		Spielplatz		Badeplatz
	Parkplatz *mit Orientierungstafel und Rundwanderwegen*		Spiel- und Liegewiese		Windsurfing
	Gasthaus		Campingplatz		Sportpfad
	Schutzhütte		Jugendherberge		Waldlehrpfad
	Grillstelle		Wildgehege		Naturparkgrenze

Naturparkkarte Stromberg-Heuchelberg (Ausschnitt)

Auf der Suche nach der Natur

Städte, Industriegebiete, Straßen und Autobahnen, Flugplätze, Bahnhöfe und Eisenbahnen ... Wo gibt es noch Landschaften ohne die
moderne Technik und Zivilisation? Wo findet
man noch die Schönheiten der Natur? Wo kann
man noch durch Wälder und Wiesen wandern
oder in einem See baden? Wo kann man noch
seltene Pflanzen und Tiere sehen? **Naturparke**
sind solche Gebiete. Dort schützt man die
Landschaft mit ihren Tieren und Pflanzen. Man
kann in der Natur wandern, ausruhen und
spielen.
Der Naturpark Stromberg-Heuchelberg liegt
nordwestlich von Stuttgart. Er ist von der Stadt
aus mit dem Auto in einer Stunde zu erreichen.
Am Wochenende machen viele Stuttgarter gerne einen Ausflug in den Naturpark, um sich zu
erholen. Dort gibt es Parkplätze, Wanderwege,
Spielplätze und andere **Freizeit- und Erholungseinrichtungen**. Aber es gibt keine großen
Ferienorte mit internationalen Hotels.
Die meisten Naturparke liegen im Mittelgebirge. Dort ist die Landschaft vielseitig, und es
gibt auch noch große Wälder. Meistens liegen
sie nahe bei den Städten.
Viele Naturparke liegen an der Grenze zur
Tschechoslowakei und an der ehemaligen
Grenze zwischen der Bundesrepublik Deutschland und der DDR. Dort leben weniger Men-

schen, es gibt keine Großstädte und nur wenig
Industrie.
Auf dem Gebiet der ehemaligen Bundesrepublik Deutschland hat man in den letzten Jahren
viele Naturparke vergrößert. Alle zusammen
haben eine Fläche von rund 65 000 km^2. In der
ehemaligen DDR gab es keine Naturparke.
Dort bereitet heute der Schutz der Natur und
der Umwelt sehr große Probleme.
In den **Nationalparken** gibt es größere Gebiete
ohne Straßen, ohne Häuser, ohne Fabriken
und ohne Landwirtschaft. Dort schützt man die
Natur noch stärker, damit die Pflanzen und
Tiere nicht aussterben. In Deutschland gibt es
zehn Nationalparke.
Die **Biosphärenreservate** liegen in verschiedenen Landschaften Deutschlands, – an den Mee-
resküsten, in Flußtälern und in Gebirgsland-
schaften. Sie sind besonders interessant für
Biologen, Ökologen und andere Wissenschaft-
ler, um die Natur und die Umwelt zu erfor-
schen.

Temperaturen

Nordsee

Ostsee

(DK)

(PL)

(NL)

(B)

(L)

(F)

(CH)

(CS)

(A)

Kiel

168 ▲ Bungsberg

Rostock

Lübeck

Hamburg
9

Schwerin

Bremen

Berlin
9

Hannover

Braunschweig

Magdeburg

Bielefeld

Leipzig

1142 ▲ Brocken
3 (Harz)

Dortmund

Kassel
843 ▲ 9

Düsseldorf
10

Erfurt

841 ▲
Kahler Asten
(Rothaargeb.)

Köln

982 ▲ Großer Beerberg
(Thüringer Wald)

Aachen

Bonn

Dresden

950 ▲
Wasserkuppe
(Rhön)

1244 ▲
Fichtelberg
(Erzgebirge)

Koblenz

1051 ▲
Schneeberg
(Fichtelgebirge)

Frankfurt
10

818 ▲
Trier

Mainz

Würzburg

Nürnberg

1457 ▲ Großer Arber
(Bayerischer Wald)

Karlsruhe

Regensburg

Stuttgart

▲ 1015

Ulm

Augsburg

München
7

Freiburg
10

3 Feldberg
1493 ▲ (Schwarzwald)

Isny

Garmisch-
Partenkirchen

Zugspitze
(Alpen) ▲ 2963
−5

Bodensee

Rhein · Ruhr · Ems · Weser · Elbe · Oder · Neiße · Saale · Mosel · Main · Neckar · Donau · Lech · Inn

Jahresmittel der Temperatur

unter 5°C	5°C−6°C	6°C−7°C	7°C−8°C	8°C−9°C	9°−10°C

0   100   200 km

10   Jahresmittel in °C

Frühling, Sommer und Herbst in Deutschland

Wärme und Kälte

Frühling, Sommer, Herbst und Winter: Überall in Deutschland sind die Unterschiede zwischen den **Jahreszeiten** groß. Dabei hat die Sonne einen starken Einfluß.

Am 21. Juni ist in Deutschland der längste Tag des Jahres. Dann beginnt der **Sommer**. In Köln geht an diesem Tag die Sonne ungefähr um 4.10 Uhr auf und um 20.40 Uhr unter. Wenn der Himmel wolkenlos ist, dann wird es warm, manchmal sehr warm. Das Thermometer zeigt 25 bis 30 Grad Celsius im Schatten. In Deutschland ist der Juli der wärmste Monat.

Am 21. Dezember beginnt der **Winter**. Dann ist der Tag am kürzesten. In Köln geht die Sonne um 8.20 Uhr auf und um 16.20 Uhr unter. In Deutschland sind die kältesten Monate der Januar und der Februar. Dann gibt es Tage mit Temperaturen von −15 bis −20 °C.

In einer Wetterstation mißt man jeden Tag morgens, mittags und abends die Temperatur der Luft. Nachts wird nicht gemessen, dafür rechnet man die Abendtemperatur doppelt. Aus diesen Meßwerten rechnet man die mittlere Tagestemperatur aus. Aus den Tagestemperaturen rechnet man die mittlere Monatstemperatur aus. Das **Jahresmittel** ist der Durchschnitt der Monatstemperaturen.

Die wärmsten Gebiete Deutschlands, im Sommer wie im Winter, sind die Täler des Rheins und seiner drei größten Nebenflüsse. Diese Täler liegen im Schutz der Mittelgebirge.

Den Wärmerekord Deutschlands hat das Oberrheinische Tiefland, etwa zwischen Freiburg und Mainz, mit einem Jahresmittel von 10 °C. Außerdem gibt es am Nordrand des Deutschen Mittelgebirges einige **Wärmeinseln**: im Münsterland zwischen Rhein und Ems, im Wesertal sowie kleine Wärmeinseln bei Hannover, bei Braunschweig, im Elbtal und bei Leipzig.

In der Mitte und im Süden Deutschlands liegen einige **Kälteinseln**. Die Bayerischen Alpen und die höchsten Gebiete der Deutschen Mittelgebirge sind die kältesten Gebiete. Den Kälterekord in Deutschland hat die Zugspitze mit einem Jahresmittel von −5 °C.

Im allgemeinen ist es im Sommer an der Küste Norddeutschlands 1–2 Grad kühler als im Landesinneren. Das Wasser der Nord- und Ostsee ist im Sommer etwas kühler als das Land. Daher weht der Seewind im Sommer oft etwas kühlere Luft auf das Land.

Im Winter ist das Meer oft ein paar Grad wärmer als das Land. Dann ist es an der Küste nicht ganz so kalt wie im Landesinnern.

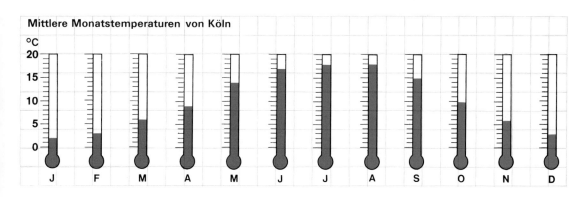

Mittlere Monatstemperaturen von Köln

Niederschläge

Nordsee

Ostsee

DK

PL

NL

B

L

F

CH

A

CS

Helgoland
· 718

717

Flensburg
750

Kiel
683

528

Rostock
590

Lübeck
633

Hamburg
712

Schwerin

· 635

785

738

Wilhelmshaven

Bremen
671

611

Elbe

Havel

Berlin
580

540

Oder

Hannover
607

Braunschweig
680

Magdeburg
506

Spree

Neiße

707

Bielefeld

Münster
745

Harz
▲ 1142

Halle

Leipzig
560

Dresden
602

Essen   Dortmund
760

Düsseldorf

Kassel
591
▲ 843

Werra

Thüringer Wald

Chemnitz

Erzgebirge

Aachen

Köln
660

Bonn
607

Westerwald

Erfurt

Rhön
982   950

Elbe

1049

Eifel

Koblenz
747

878
614

Taunus

619

680

Frankfurt

Fichtel-
geb.
▲ 1051

Mainz

Hunsrück
▲ 818

Mosel

705

Mannheim
528

Würzburg
560

Main

Nürnberg
595

Bayerischer
Wald
664   ▲ 1457

Saarbrücken
760

Karlsruhe
745

Stuttgart

Schwäbische Alb

Donau

590

Passau
640

Inn

Isar

Augsburg
800

München
935

Schwarzwald

Freiburg
1493
▲ 1928

▲ 1015

810

790

Neckar

Rhein

1400

2963
▲

2151

1400

2713
▲

A   l   p   e   n

0   100   200 km

Jahresmittel der Niederschläge

500   600   700   800   1000 1500 2000 mm

673   Ort mit 673 mm
      im Jahresmittel

Verdichtungsraum

Regen und Schnee

Die Tageszeitung berichtet:

Montag, 14. März. In Süddeutschland, großen Teilen Österreichs und Norditaliens hat es am Wochenende eine der schwersten Schneekatastrophen der letzten Jahrzehnte gegeben. Dabei haben mindestens siebzehn Menschen das Leben verloren. In Lachen im Allgäu fand ein Junge unter einer Dachlawine den Tod. Seit Samstagmorgen schneit es. In den Tälern liegt der Schnee zwei Meter, auf den Bergen 5–6 Meter hoch. Der Schnee blockiert Straßen und Eisenbahnlinien. 50 000 Touristen sind in den Wintersportgebieten eingeschlossen.

Mittwoch, 16. März. Nach der Schneekatastrophe vom Wochenende sind gestern die Temperaturen auf 8–10 Grad Celsius gestiegen. Der Schnee taut, und es regnet. Die Flüsse Süddeutschlands haben Hochwasser. Auf dem Neckar können keine Schiffe mehr fahren. 21 Straßen sind wegen Hochwasser gesperrt. In der Heidelberger Altstadt steht das Wasser in den Straßen und Häusern.

So viele **Niederschläge**, Regen und Schnee, in wenigen Tagen gibt es in Deutschland nur selten. Im März, wenn der Winter zu Ende geht, fallen im allgemeinen nur wenig Niederschläge. Die meisten Niederschläge fallen normalerweise im Sommer.

Westeuropa und der größte Teil Mitteleuropas haben ein **gemäßigtes, ozeanisches Klima**. Im Winter ist es nicht zu kalt, im Sommer nicht zu heiß. Es gibt auch keine Trockenzeit. In jedem Monat gibt es Niederschläge.

Winter in Deutschland

Der Motor dieses Klimas befindet sich über dem Nordatlantik. Wie in einem sehr großen Ventilator entstehen dort **Westwinde**. Sie wehen die feuchte Luft vom Meer nach Europa hinein.

Die Westwinde bringen immer Wolken mit. Wo sie auf ein Gebirge treffen, dort gibt es Niederschläge. Daher bekommen die Westseiten der Mittelgebirge und die Nordseite der Alpen sehr viel Regen und Schnee.

Den Rekord in Deutschland haben die höchsten Berge der Bayerischen Alpen. Dort gibt es Niederschläge von mehr als 2 000 mm im Jahr. Das sind durchschnittlich 7 Liter täglich. Aber oft fällt auf den höchsten Gipfeln der Berge Schnee, auch im Sommer.

Je weiter die Westwinde nach Osten in den Kontinent hinein wehen, desto weniger Niederschläge gibt es. In der östlichen Hälfte Deutschlands und in Osteuropa hat das Klima schon mehr **kontinentalen Charakter**.

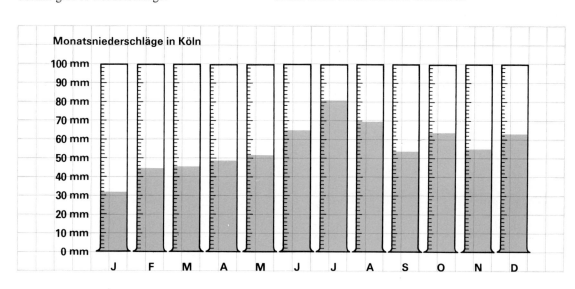

Frühlingseinzug

Ostsee

Nordsee

Helgoland

DK

Flensburg

Kiel

Rostock

Lübeck

Hamburg

Schwerin

Elbe

Havel

Wilhelmshaven

Bremen

NL

PL

Ems

Weser

Hannover

Braunschweig

Magdeburg

Oder

Bielefeld

Elbe

Spree

Münster

▲ 1142

H a r z

Neiße

Rhein

Essen **Dortmund**

Kassel

Halle

Leipzig

Düsseldorf

843 ▲

Werra

Oder

Aachen **Köln**

Elbe

Bonn

Erfurt

Dresden

W e s t e r w a l d

Thüringer-Wald

Chemnitz

Erzgebirge

747

Koblenz

878 ▲

CS

B

E i f e l

Lahn

950

982

Fichtel-

Mosel

T a u n u s

Frankfurt

R h ö n

▲ 1051

818 ▲

Mainz

geb.

L

H u n s r ü c k

Main

Würzburg

Mannheim

Nürnberg

Saarbrücken

1457

Elbe

Bayerischer

Rhein

Karlsruhe

Wald

CS

F

S c h w a r z w a l d

Stuttgart

Donau

S c h w ä b i s c h e   A l b

Passau

1015 ▲

Neckar

Augsburg

Iller

München

Donau

Freiburg

Lech

A

1493 ▲

Isar

CH

2963 ▲

A   l   p   e   n

▲ 2713

0   100   200 km

Beginn der Apfelblüte

(nach F. Schnelle)

20.	25.	30.	10.	20.	25.
April	April	April	Mai	Mai	Mai

Gebiete oberhalb
der klimatischen
Apfelbaumgrenze

Verdichtungsraum

26

Wann beginnt der Frühling?

Im Kalender steht am 21. März „Frühlingsanfang". Es kann aber sein, daß am 21. März noch Schnee liegt. In der Natur ist also noch Winter. Wann fängt nun wirklich der Frühling an? Wenn die Schneeglöckchen blühen? Oder wenn im Garten die Tulpen blühen? Oder wenn der letzte Schnee getaut ist?

Eins ist klar: Wenn die Apfelbäume anfangen zu blühen, dann ist der Frühling wirklich da. Diesen Zeitpunkt nennt man **Frühlingseinzug**. Dann gibt es auch normalerweise keinen Schnee mehr. Das kann in einem Jahr früher, in einem anderen Jahr später sein. Aber der Beginn der Apfelblüte zeigt immer den genauen Zeitpunkt an: Jetzt ist der Frühling da. Für die Landwirtschaft ist der Frühlingseinzug besonders wichtig, und Apfelbäume gibt es fast überall in Deutschland. Deshalb beobachtet jeder Landwirt im Frühjahr seine Obstbäume genau. Ein Landwirt im Maintal bei Frankfurt z. B., der viele Jahre lang Beobachtungen gemacht hat, kann sagen: „Bei uns beginnt die Apfelblüte normalerweise zwischen dem 25. und 30. April." Ein Bauer im Elbtal bei Magdeburg kann sagen: „Bei uns beginnt die Apfelblüte normalerweise zwischen dem 30. April und dem 10. Mai."

Der Beginn der Apfelblüte ist abhängig vom Wetter, vom Boden und von der Lage, in welcher der Apfelbaum wächst.

Die besten Lagen für die Apfelbäume sind die Flußtäler, die im Schutz der Mittelgebirge liegen. Dort beginnt der Frühlingseinzug zuerst. Diese Gebiete haben das ganze Jahr über ein mildes Klima.

In Norddeutschland beginnt der Frühlingseinzug drei bis vier Wochen später. Dort sind im Frühjahr die Tage etwas kürzer als weiter im Süden, und die Sonne steht mittags noch nicht ganz so hoch am Himmel wie in Süddeutschland. Außerdem ist das Meerwasser der Nord- und Ostsee noch kalt und wird im Frühjahr nur langsam wärmer.

Der Apfelbaum blüht

In den Mittelgebirgen und am Rand der Alpen beginnt die Apfelblüte erst vier bis fünf Wochen später als in den Flußtälern. Auf der Karte können wir erkennen: In vielen Mittelgebirgen und in den Alpen ist das Klima viel kälter als in den Tälern.

In den höchsten Lagen der Gebirge wachsen keine Apfelbäume. Dort ist das Klima am kältesten, und der Sommer ist sehr kurz.

Es dauert fünf bis sechs Monate, bis die Äpfel reif sind. Wenn man die Äpfel erntet, dann ist es Herbst.

Bei der Apfelernte am Bodensee

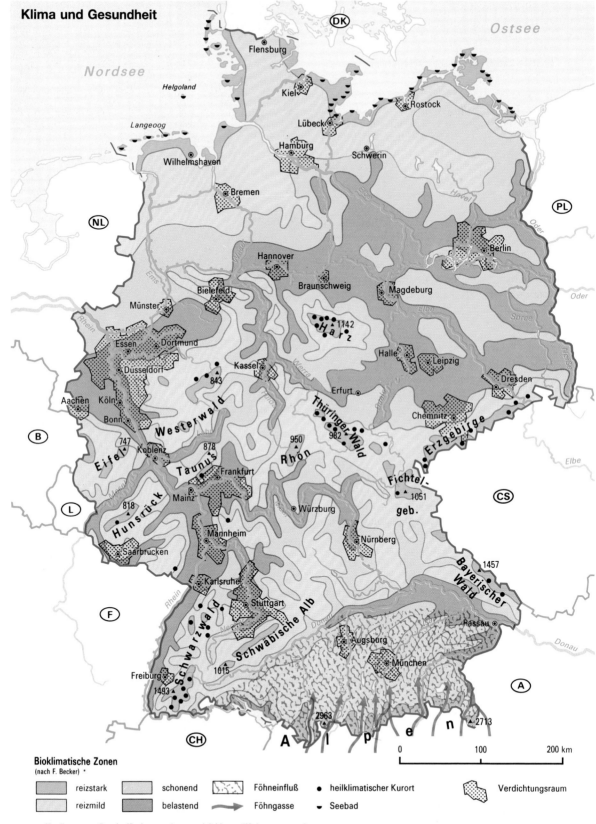

Klima und Gesundheit

Bioklimatische Zonen
(nach F. Becker) *

▨ reizstark	▨ schonend	▨ Föhneinfluß	• heilklimatischer Kurort	▨ Verdichtungsraum
▨ reizmild	▨ belastend	→ Föhngasse	⊸ Seebad	

* für die neuen Bundesländer wurden vergleichbare Flächen ausgewiesen

Im Ruhrgebiet

Auf der Insel Langeoog

Luftveränderung tut gut

Insel Langeoog, 26. Juli 1988

Hallo Petra,

nun bin ich schon über eine Woche hier und habe Dir noch nicht einmal geschrieben. Es geht mir gut. Das Wetter ist schön, aber der Seewind ist ziemlich frrrrrisch, und das Wasser ist furchtbar sssssalzig! Im Kinderheim kann man's aushalten, und der Onkel Dok' ist ein netter Typ. Mein Husten und die Schmerzen im Hals sind schon besser geworden. Und wie geht's zu Hause in Gelsenkirchen?
Herzliche Grüße, auch an Kater Felix!

Deine Freundin Heike

Wo viele Menschen dicht beisammen leben, gibt es große Städte mit viel Industrie und viel Verkehr. In allen **Verdichtungsräumen**, nicht nur im Ruhrgebiet, wo Heike zu Hause ist, gibt es:
– starke Luftverschmutzung,
– schwächere Sonnenstrahlung und
– im Sommer oft schwüle, im Winter feucht-kalte Luft mit Nebel und Smog.

Das alles belastet die Gesundheit. Heike zum Beispiel leidet an einer Erkrankung der Atemwege.

In Deutschland gibt es folgende **belastende Zonen:**
– die Verdichtungsräume,
– die Täler der großen Flüsse und
– große Zonen am Nordrand des Deutschen Mittelgebirges.
Eine besondere Belastung für die Gesundheit gibt es im Alpenvorland. Es ist der **Föhn**, ein Wind, der von Süden über das Hochgebirge der Alpen weht. Er kommt durch die Täler (die „Föhngassen") herunter und verbreitet sich im ganzen Alpenvorland. Der Föhn ist warm und trocken. Er macht die Menschen nervös und belastet das Herz und den Kreislauf. Besonders oft gibt es Föhnwinde im Frühjahr. Aber sie dauern nur wenige Tage.
Heike verbringt ihre Sommerferien in einem Seebad auf einer der Ostfriesischen Inseln. Hier kann sie sich erholen, denn auf den Inseln im Meer ist das Klima sehr gesund. Hier gibt es:
– reine Luft,
– intensivere Sonnenstrahlung und
– einen frischen Seewind.
Gesunde Zonen sind die Küsten der Nord- und Ostsee sowie die höchsten Lagen der Mittelgebirge und der Alpen. Dort, wo das Klima besonders heilsam ist, gibt es heilklimatische Kurorte und Seebäder.

29

Bevölkerungsdichte

Nordsee

Ostsee

DK

PL

NL

B

L

F

CH

CS

A

T I E F L A N D

M I T T E L - G E B I R G E

ALPENVORLAND

ALPEN

Hamburg

Bremen

Hannover

Berlin

Leipzig

Dresden

Dortmund

Kassel

Köln

Bonn

Frankfurt

Saarbrücken

Nürnberg

Stuttgart

München

Rhein

Elbe

Weser

Ems

Havel

Oder

Oder

Neiße

Elbe

Spree

Saale

Werra

Fulda

Mosel

Main

Donau

Donau

Neckar

Iller

Lech

Inn

30

Bevölkerungsdichte

	unter 10 Einw./km²
	10–50 Einw./km²
	50–100 Einw./km²
	100–200 Einw./km²
	über 200 Einw./km²

0   100   200 km

Orte:

•	20 000 – 50 000 Einwohner
•	50 000 – 100 000 Einwohner
●	100 000 – 250 000 Einwohner
●	250 000 – 500 000 Einwohner
■	500 000 – 1 000 000 Einwohner
⬢	über 1 000 000 Einwohner

Menschen, Menschen

Stell dir vor: Sommer, ein schöner Sonntag, du fährst auf deutschen Autobahnen durch das Land. Dann glaubst du vielleicht, Deutschland sei ein Paradies der grünen Hügel und der blauen Berge, der Wiesen, Felder und Wälder. Nur selten siehst du hier ein Dörfchen, dort eine Stadt. Aber laß dich nicht täuschen! Deutschland hat eine Bevölkerung von 79 Millionen Menschen und ist das fünftgrößte Land in Europa. Auf einem Quadratkilometer leben durchschnittlich 223 Menschen, d. h. die **Bevölkerungsdichte** beträgt 223 Einw./km^2. In Europa haben nur die Niederlande, Belgien und Großbritannien eine höhere Bevölkerungsdichte.

Wo leben die Menschen am dichtesten beieinander? Natürlich in den großen Städten und **Verdichtungsräumen**. Der größte Verdichtungsraum Deutschlands ist das Rhein-Ruhr-Gebiet. Hier liegen viele Städte dicht beieinander. In diesem Gebiet leben ungefähr 11 Millionen Menschen. Das ist durchschnittlich jeder 7. Einwohner Deutschlands.
Die Zonen der größten Bevölkerungsdichte bilden zusammen zwei **Siedlungsbänder**. Das eine

Hannover

Band geht durch das Rheintal bis in das mittlere Neckartal. Das andere geht am nördlichen Rand des Mittelgebirges durch Deutschland.
Außerdem gibt es in Deutschland sechs große Verdichtungsräume, die mit diesen Siedlungsbändern keine Verbindung haben:
– Berlin,
– Hamburg,
– Bremen,
– der Verdichtungsraum Saar (Saarbrücken),
– Nürnberg und
– München.
Immer mehr Menschen leben in Städten und Verdichtungsräumen. In Deutschland sind es heute schon 86% der Bevölkerung.
Alle Staaten in der Mitte Europas haben eine große Bevölkerungsdichte. In einem Kreis von 1 000 km um Deutschland liegen alle großen Verdichtungsräume Europas, viele europäische Hauptstädte und alle großen Industriegebiete. Mehr als 300 Millionen Menschen leben in diesem Kreis.
Natürlich gibt es auch viele Zonen mit geringer Bevölkerungsdichte: in den Alpen, in den höheren Lagen des Mittelgebirges und im Norddeutschen Tiefland. In diesen Zonen gibt es viel Landwirtschaft, große Wälder und nur kleine Städte und Dörfer. Auf dem Land kann man sich vom Leben und von der Arbeit in den Städten und Industriegebieten erholen.

Siedlungsband Nord-Süd	Siedlungsband West-Ost
Rhein-Ruhr-Gebiet (Duisburg Düsseldorf Köln Bonn) Koblenz **Rhein-Main** (Mainz Wiesbaden Frankfurt Darmstadt) **Rhein-Neckar** (Ludwigshafen Mannheim Heidelberg) Karlsruhe Stuttgart Freiburg	Aachen **Rhein-Ruhr-Gebiet** (Mönchen-Gladbach Düsseldorf Duisburg Dortmund) Bielefeld Hannover Braunschweig Magdeburg Halle Leipzig Chemnitz Dresden

Städte und Verdichtungsräume

Nordsee · *Ostsee*

DK · PL · NL · B · L · F · CH · A · CS

KI · HL · S · R

HB · **Hamburg** · **Bremen**

Berlin · P

Hannover · BS · M

OS · BI · MS

Rhein-Ruhr · KS · E · H · **Leipzig** · **Dresden**

SI · **Chemnitz**

K · AC · BN · KO

WI · F · MZ · **Rhein-Main**

Saar · SB · **Rhein-Neckar** · **Nürnberg**

KA · **Stuttgart**

FR · A · **München**

Rhein · Ems · Weser · Elbe · Oder · Neiße · Fulda · Werra · Saale · Mosel · Main · Neckar · Donau · Lech · Inn

32

Orte:

·	20 000 — 50 000 Einwohner
·	50 000 — 100 000 Einwohner
●	100 000 — 250 000 Einwohner
●	250 000 — 500 000 Einwohner
■	500 000 — 1 000 000 Einwohner
⬣	über 1 000 000 Einwohner

0   100   200 km

Verdichtungsraum

Rhein-Main · größerer Verdichtungsraum

Leben in der Großstadt

Familie Müller wohnt in einem schönen Einfamilienhaus in Uelzen, einer Kleinstadt 30 km südlich von Lüneburg. Frau Müller ist Krankenschwester, sie arbeitet in Uelzen in einer Klinik. Herr Müller arbeitet als Elektroniker bei einer Computerfirma in Lüneburg. Ihre beiden Kinder Heike (12) und Peter (15) haben nur 10 Minuten zu Fuß zur Schule. Die Umgebung Uelzens ist ideal zum Radfahren, Wandern und Spielen. Die Lüneburger Heide ist nur ein paar Minuten vom Haus entfernt. Herr Müller hat ein gutes Angebot für einen Arbeitsplatz in München erhalten. Sollen sie nun umziehen in die Großstadt? Darüber wird in der Familie oft diskutiert.

München

Pro

arbeiten:
+ große Krankenhäuser und Kliniken, gute Berufschancen für Frau Müller
+ München = Elektronikzentrum der Bundesrepublik, 400 Firmen für Mikrochips und andere elektronische Bauteile, sehr gute Berufschancen für Herrn Müller
+ für die Kinder (später): großes Angebot an Ausbildungsplätzen in der Industrie und in Büros

sich bilden:
+ alle Arten von Schulen und Universitäten

einkaufen:
+ Großkaufhäuser, viele Spezialgeschäfte

Kultur:
+ viele Theater, Kinos, weltberühmte Museen

Kontra

wohnen:
– sehr teure Miete, umziehen in eine kleinere Wohnung
– leben in einem Wohnviertel, wo alle Häuser gleich aussehen

Verkehr:
– täglich weite Wege fahren wie 700 000 andere Berufstätige, Schüler und Studenten
– Lärm
– Luftverschmutzung

sich erholen:
– schöne Parks (Englischer Garten, Olympiapark) liegen oft weit vom Wohnort entfernt
– Wochenendausflüge in die schöne Umgebung beginnen und enden oft im Autostau

33

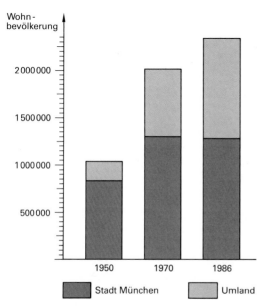

Die Region München

Landwirtschaft

Nordsee

Ostsee

DK

PL

NL

B

L

F

CH

A

CS

Marsch
Geest
Marsch
Marsch
Altes
Land
Eiderstedt

Ost-
holstein

K
R
L
S
H

Uckermark

O
B
Lüneburger
Heide

Havelland
BERLIN
P

Geest
Emsland
Ems

Emsland

Rhein

M
Ruhrgebiet
E D
D
A K
Jülicher
Börde
Zülpicher
Börde

Soester
Börde
Warburger
Börde
Hildesheimer
Börde

H
O
B

H
B
M

Magdeburger
Börde

Fläming

Neiße

Sauerland
Rothaar-
gebirge
K

Harz

Thüringer

H
L
D

Eifel
Westerwald

Rhön

Thüringer Wald

E
Becken
C
Erzgebirge

Elbe

Mosel
Mosel

Hunsrück

Wetterau
W F
Spessart

Franken
Knoblauch-
land

W

N

CS

Rheinhessen
Rhein-
pfalz
S

L
Odenwald
M
Berg-
straße
Kraich-
gau

Württemberg

Spalt
Main

Bayerischer
Wald
R
Dungau

K
S
Neckar

Schwäbische Alb

Donau

A
Hallertau
M

Baden

Kaiser-
stuhl

Oberrheinebene
Schwarzwald
F

Donau

Lech
Inn

Alpenvorland

Bodensee

Alpen

Saale
Fulda
Werra
Weser
Weser

0   100   200 km

Überwiegende Bodennutzung

Ackerbau auf
guten Böden

Ackerbau auf
geringeren Böden

Grünland
(Wiesen und Weiden)

Wald

| | | | Weinbau

ʎ ʎ ʎ Hopfenanbau

Obst- und
Gemüseanbau

große
Siedlungsflächen

Die Ernte von Zuckerrüben in der Hildesheimer Börde

Nicht nur Brot und Butter

Viele Nahrungsmittel und Getränke haben ihren Ursprung in der Landwirtschaft, zum Beispiel auch der Zucker. In Deutschland macht man Zucker aus Zuckerrüben. Im Herbst erntet der Bauer die Zuckerrüben auf dem Acker. Sie werden in die Zuckerfabrik transportiert. Dort werden sie gewaschen, zerschnitten und gekocht. So gewinnt man einen braunen Zuckersaft, den Sirup. Dieser Zuckersirup wird noch einmal gekocht und gereinigt. So gewinnt man den weißen Zucker.

Die wichtigsten Produkte der Landwirtschaft in Deutschland sind: Getreide, Fleisch, Obst, Milch, Zuckerrüben, Trauben, Kartoffeln, Gemüse und Hopfen. Sie gehören zu den drei Wirtschaftszweigen **Ackerbau**, **Viehwirtschaft** und **Intensivkulturen**.

Für den **Ackerbau** braucht man große Flächen und gute Böden. Besonders gutes Ackerland gibt es am Nordrand des Mittelgebirges, in den Börden.

Das **Grünland**, die Wiesen und Weiden, sind die Grundlage für die Viehwirtschaft. Die Böden sind meistens nicht so gut. Das Grünland befindet sich in Regionen, wo das Klima kühler ist und es mehr regnet.

Obst, Gemüse, Wein und Hopfen sind die wichtigsten **Intensivkulturen** in Deutschland. Die Flächen sind oft sehr klein, und man muß viel Handarbeit leisten. Die Intensivkulturen brauchen viel Wärme. Sie befinden sich daher in den Regionen Deutschlands, wo das Klima relativ warm ist.

In den Ländern der bisherigen Bundesrepublik Deutschland ist ein Bauernhof ein **privater Besitz**, d. h. er gehört dem Landwirt und seiner Familie. Der Landwirt muß aber alle Arbeiten selbst machen, denn er hat meistens keine Arbeiter. Darum braucht er teure Maschinen.

Die Bauernhöfe sind oft sehr klein. Im Durchschnitt hat ein Bauernhof 17 Hektar Land, aber viele Bauernhöfe haben weniger als 10 Hektar, besonders in Süddeutschland.

Die Landwirte in der bisherigen Bundesrepublik und in den anderen Ländern der EG produzieren zu viel Milch, Butter, Zucker, Wein und zu viel Rindfleisch. Man kann gar nicht alles verkaufen, was produziert wird. Daher sind die Preise für diese Landwirte in Deutschland schlecht, und viele kleine Bauernhöfe können nicht mehr existieren.

In den Ländern der ehemaligen DDR gab es die **landwirtschaftlichen Produktionsgenossenschaften** (LPG). Sie haben durchschnittlich 1 350 Hektar Land. Im Allgäu hat ein Bauer 20 oder 30 Milchkühe, eine LPG hat durchschnittlich 1 500. Die LPG ist eine große „Landwirtschaftsfabrik" mit vielen Genossenschaftsbauern. Diese arbeiten für einen Monatslohn, wie die Arbeiter in einer Fabrik. Die LPG mit ihrem großen Ackerland und Grünland, den Maschinen und Gebäuden gehört allen Mitgliedern gemeinsam, sie ist genossenschaftliches Gemeineigentum. Bauernhöfe als privaten Besitz gab es im sozialistischen Staat DDR nicht. Nach der Einigung Deutschlands wird sich die Landwirtschaft der ehemaligen DDR wohl bald sehr verändern.

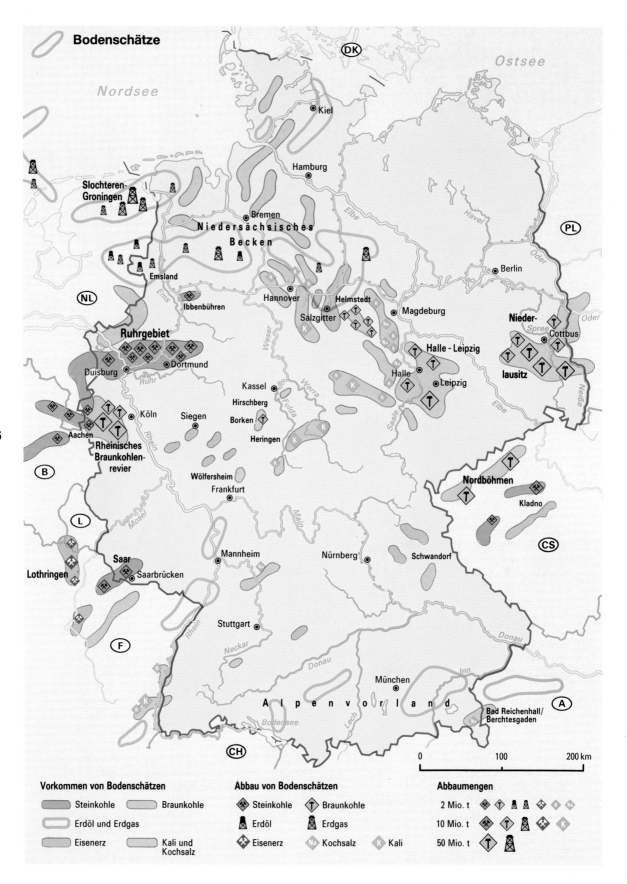

Bodenschätze

Vorkommen von Bodenschätzen

Steinkohle	Braunkohle
Erdöl und Erdgas	
Eisenerz	Kali und Kochsalz

Abbau von Bodenschätzen

Steinkohle	Braunkohle
Erdöl	Erdgas
Eisenerz	Kochsalz	Kali

Abbaumengen

2 Mio. t	
10 Mio. t	
50 Mio. t	

In einem Steinkohlenbergwerk im Ruhrgebiet

Braunkohlentagebau in der Niederlausitz

Ein Gestein, schwarz und brennbar

Bodenschätze, das sind Schätze, die in der Erde verborgen sind. Bodenschätze braucht man zum Beispiel zum Herstellen von Eisen und Kupfer, zum Erzeugen von elektrischem Strom, zum Heizen von Wohnungen, zum Autofahren und in chemischen Fabriken. Zu den wichtigsten **Bodenschätzen** gehören:
– Erdöl und Erdgas,
– Kochsalz und Kalisalz,
– Eisenerz und Kupfererz,
– Uranerz
– Steinkohle und Braunkohle.
In der Industrie braucht man diese Bodenschätze in großen Mengen, aber in Deutschland gibt es viele wichtige Bodenschätze nur in kleinen Mengen oder gar nicht.
Besonders wichtig ist die Kohle: Das ist der einzige Brennstoff, den Deutschland in großen Mengen besitzt. Mit Kohle kann man elektrischen Strom erzeugen, Eisenerz schmelzen und Wohnungen heizen.
In Deutschland gibt es **Steinkohle** und **Braunkohle**. Die Steinkohle ist wertvoller als die Braunkohle, denn sie enthält viel mehr Kohlenstoff. Die Steinkohle hat beim Verbrennen drei- bis viermal mehr Energie als die Braunkohle.
Im Ruhrgebiet ist das größte **Vorkommen** von Steinkohle in Europa. Die **Flöze**, das sind die

Schichten im Gestein, die Kohle enthalten, liegen tief im Innern der Erde. Es gibt über 100 Flöze, und manche sind bis zu 2 m dick. Die Arbeiter in den Kohlebergwerke nennt man „Kumpel". Sie arbeiten im **Untertagebau** in 800 bis 1 000 m Tiefe.
Im Jahr 1950 hat man in der damaligen Bundesrepublik 140 Millionen Tonnen (Mio. t) Steinkohle abgebaut. Seither ist die Abbaumenge viel kleiner geworden. Man importiert Erdöl, Erdgas und Uran, um Energie zu erzeugen. Heute baut man rund 80 Mio. t im Jahr ab.
In den ostdeutschen Ländern gibt es nur Braunkohle. Über 300 Mio. t werden im Jahr abgebaut. Das ist die größte Abbaumenge der Welt. Die Braunkohle liegt dicht unter der Erdoberfläche in Flözen, die 10–20 m dick sind. Man arbeitet daher im **Tagebau**. Mit riesigen Maschinen gräbt man große, offene Gruben in die Erde.
In allen drei großen Braunkohlerevieren ändert sich die Landschaft total. Ganze Dörfer müssen weg und werden an anderen Orten neu gebaut. Neben den Braunkohlengruben stehen Kraftwerke, die elektrischen Strom erzeugen, Gasfabriken und chemische Fabriken.
Die Kohlengebiete sind heute wichtige **Zentren der Industrie**. Dort leben und arbeiten viele tausend Menschen.

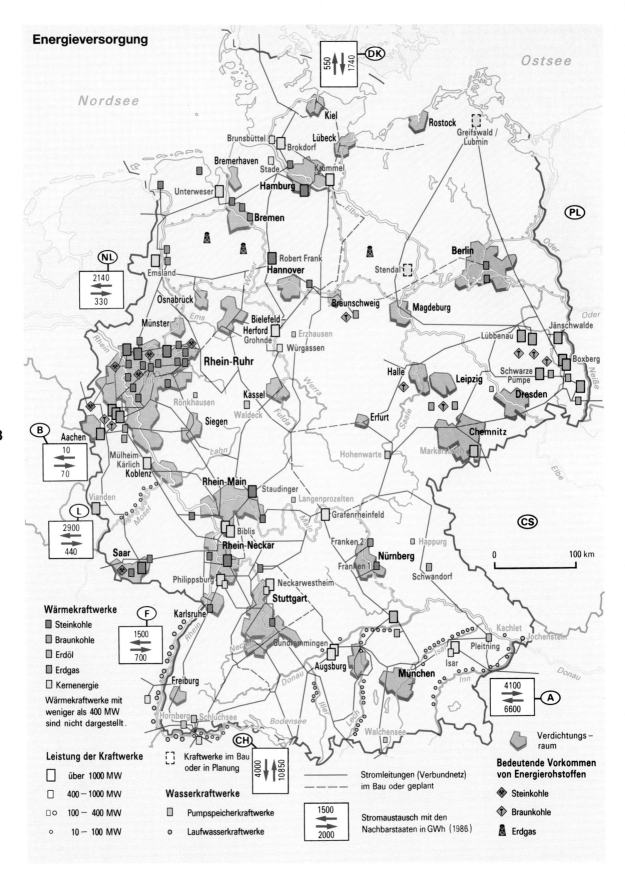

Energieversorgung

Nordsee

Ostsee

DK 550 ↑↓ 1740

Kiel
Rostock
Greifswald / Lubmin
Brunsbüttel
Lübeck
Brokdorf
Bremerhaven
Stade
Krümmel
Unterweser
Hamburg
Bremen
Elbe

PL

NL 2140 ← / 330 →

Emsland
Robert Frank
Hannover
Stendal
Berlin
Oder

Osnabrück
Braunschweig
Magdeburg
Oder

Münster
Bielefeld
Herford
Grohnde
Erzhausen
Würgassen
Jänschwalde
Lübbenau
Boxberg
Neiße

Rhein-Ruhr
Kassel
Halle
Leipzig
Schwarze Pumpe
Dresden

Ronkhausen
Waldeck
Erfurt
Chemnitz

B 10 ← / 70 →

Aachen
Siegen
Elbe

Mülheim-Kärlich
Koblenz
Hohenwarte
Markersbach

L 2900 ← / 440 →

Vianden
Rhein-Main
Staudinger
Langenprozelten
Grafenrheinfeld
Happurg

CS

Biblis
Franken 2
Nürnberg
Kachlet
Jochenstein

Saar
Rhein-Neckar
Franken 1
Schwandorf
Pleitning
Isar
Donau

F 1500 ← / 700 →

Philippsburg
Neckarwestheim
Stuttgart
Gundremmingen
Augsburg
München
Inn

Karlsruhe

Wärmekraftwerke
■ Steinkohle
■ Braunkohle
□ Erdöl
□ Erdgas
□ Kernenergie
Wärmekraftwerke mit
weniger als 400 MW
sind nicht dargestellt.

Freiburg
Hornberg
Schluchsee
Bodensee
Lech
Walchensee

A 4100 ← / 6600 →

CH 4000 ↑↓ 10850

Leistung der Kraftwerke
□ über 1000 MW
□ 400 – 1000 MW
□○ 100 – 400 MW
○ 10 – 100 MW

⌐ ¬ Kraftwerke im Bau
L _ ⌐ oder in Planung

Wasserkraftwerke
■ Pumpspeicherkraftwerke
○ Laufwasserkraftwerke

—— Stromleitungen (Verbundnetz)
- - - im Bau oder geplant

1500 ← / 2000 → Stromaustausch mit den
Nachbarstaaten in GWh (1986.)

Verdichtungs-raum

Bedeutende Vorkommen von Energierohstoffen
◆ Steinkohle
◇ Braunkohle
⚒ Erdgas

0 _____ 100 km

38

Köln bei Nacht

Mit Hochspannung über die Grenze

Im Winter wird es in Köln schon um halb fünf dunkel. Unzählige Lichter werden eingeschaltet, denn in vielen Büros und Geschäften wird noch gearbeitet; im Hauptbahnhof und in den U-Bahn-Stationen fahren viele Züge ein und aus. In den Häusern wird das Abendessen gekocht, die Heizung wird eingeschaltet, und viele tausend Fernseher laufen. Jetzt braucht die Stadt am meisten elektrischen Strom.

Nehmen wir einmal an, plötzlich gibt es in einem großen Kölner Kraftwerk eine Störung. Trotzdem gehen in Köln die Lichter nicht aus. Denn in derselben Sekunde bekommt die Stadt Strom aus anderen Kraftwerken der Bundesrepublik, aber auch aus Frankreich oder aus Belgien, so viel und so lange wie nötig. Die wichtigsten Stromleitungen mit 380 000 Volt Hochspannung hören nicht an den Grenzen zu Deutschland auf. Sie reichen von Norwegen bis Süditalien und von Portugal bis Griechenland.

Sie verbinden fast alle Länder in Mittel-, West-, Süd- und Nordeuropa miteinander. Jedes Land kann von den Nachbarländern in Sekunden-schnelle Strom bekommen. Dieses internationale **Verbundnetz** ist ein gutes Beispiel für die Zusammenarbeit in Europa.

Welche **Energieträger** verwendet man in den Kraftwerken, um elektrischen Strom zu erzeugen?
Am billigsten ist **Wasserkraft**, denn die Flüsse in Deutschland haben immer Wasser. Aber ein Wasserkraftwerk braucht ein starkes **Gefälle**, das heißt, das Wasser muß mit starker Kraft bergab fließen. Aber es gibt in Deutschland nur wenige Flüsse mit einem starken Gefälle. Deshalb kann man nur 5% der elektrischen Energie aus Wasserkraft erzeugen.
In Deutschland gibt es große Vorkommen an **Kohle**. Mit Steinkohle und Braunkohle erzeugt man in den westlichen Bundesländern mehr als 50% der elektrischen Energie. Die östlichen Bundesländer erzeugten vor 1990 mit Braunkohle 80% der elektrischen Energie.
Erdöl und **Erdgas** verwendet man als Energieträger in den Kraftwerken nur noch wenig. Man braucht sie in großen Mengen als Brennstoffe zum Heizen der Wohnungen im Winter sowie als Benzin.
In der Bundesrepublik Deutschland gibt es 20 große und kleine **Kernkraftwerke**. Sie erzeugen 35–40% der elektrischen Energie.

Jede Form, Energie zu erzeugen, hat Vorteile und Nachteile. Einige davon sind:
– bei Wasserkraftwerken: keine Abgase; keine Abfälle; Veränderung der Landschaft im Flußtal; Veränderung des Grundwassers
– bei Kohlekraftwerken: Kohle im eigenen Land vorhanden; Luftverschmutzung durch Abgase, z. B. Kohlendioxid; Verbrauch von großen Mengen an Brennstoff und Wasser; großen Mengen an Asche
– bei Kernkraftwerken: Verbrauch von sehr kleinen Mengen an Brennstoff (Uran); keine Abgase; sehr gefährliche radioaktive Abfälle; Verbrauch von großen Mengen an Wasser.
Alle Kraftwerke belasten die Umwelt. Die Technik ist immer mit Gefahren verbunden, wie zum Beispiel auch bei Autos und Flugzeugen, Häusern und Fabriken.

Industrie

Nordsee

Ostsee

DK

PL

NL

B

L

F

CH

A

CS

Nord-Ostsee-Kanal

Kiel

Rostock

Lübeck

Bremerhaven

Emden

Hamburg

Bremen

Elbe

Berlin

Havel

Oder

Oder

Spree

Neiße

Eisenhüttenstadt

Mittelland-kanal

Hannover

Wolfsburg

Braunschweig

Salzgitter

Magdeburg

Brandenburg

Mittelland-kanal

Weser

Osnabrück

Bielefeld–Herford

Münster

Ems

Rhein-Ruhr

Düsseldorf

Köln

Leverkusen

Siegen

Aachen

Kassel

Baunatal

Eisenach

Erfurt

Halle

Wolfen-Bitterfeld

Leipzig

Leuna

Zwickau

Chemnitz

Dresden

Elbe

Fulda

Werra

Saale

40

Koblenz

Mosel

Rhein-Main

Frankfurt

Schweinfurt

Rhein-Neckar

Ludwigshafen

Mannheim

Saar

Saarbrücken

Main

Erlangen

Nürnberg

Neckarsulm

Stuttgart

Karlsruhe

Rhein

Neckar

Ingolstadt

Dingolfing

Ulm

Donau

Augsburg

München

Inn

Donau

Burghausen

Lech

Freiburg

große
Industrie
gebiete

Wichtige Industriestandorte

△	Eisen- und Stahlindustrie (Hüttenwerke)
⬡	Metallwaren (z. B. Werkzeuge)
✷	Maschinenbau
👤	Elektrotechnik

⚓	Schiffbau
🚗	Automobilindustrie
💧	Chemische Industrie
👕	Bekleidungsindustrie
◊	Textilindustrie

Verdichtungsraum

schiffbarer Fluß

0   100   200 km

Made in Germany

Fahrräder und technisches Spielzeug, aber auch Autos, Flugzeuge, Schiffe, Lokomotiven, Elektrogeräte, Schreibmaschinen, Computer und tausend andere deutsche Industrieprodukte sind überall in der Welt bekannt.
In der Autoindustrie in Deutschland werden mehr als viereinhalb Millionen Fahrzeuge im Jahr gebaut. Und so wird ein Auto gebaut:

Montage eines Autos

Karosseriebau

Aus Stahlblech werden die Teile gepreßt und zu der Karosserie zusammengebaut.

Lackiererei

In der Lackiererei wird die Karosserie mehrmals lakkiert und danach getrocknet.

Fertigmontage

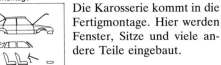

Die Karosserie kommt in die Fertigmontage. Hier werden Fenster, Sitze und viele andere Teile eingebaut.

Endmontage

Motor und Fahrwerk

In der Endmontage baut man den Motor und das Fahrwerk in die Karosserie ein.

Endkontrolle

Das Fahrzeug rollt zur Endkontrolle. Dort kontrolliert man alle Funktionen.

Ein Auto besteht aus rund 15 000 Einzelteilen. Die Autobatterien, Sitze, Reifen, Scheinwerfer und viele tausend andere Teile werden nicht in der Autofabrik, sondern in anderen Fabriken hergestellt. In Tankstellen arbeiten Menschen. Wieder andere reparieren Autos. Im Gebiet der bisherigen Bundesrepublik Deutschland sind rund eine Million Arbeitsplätze vom Auto abhängig.

Oft liegen viele Fabriken dicht beieinander in einem **Industriegebiet**. Die großen Industriegebiete Deutschlands befinden sich an verschiedenen **Standorten**:
- Das Ruhrgebiet z. B. und das Industriegebiet bei Leipzig haben ihre Standorte bei der Kohle. Viele Fabriken brauchen **Rohstoffe**, z. B. Kohle, Eisenerz, Erdöl, Holz und Wolle. Aber Deutschland ist arm an Rohstoffen. Deshalb haben nur wenige Industriegebiete ihre Standorte bei den Rohstoffen.
- In Deutschland werden die meisten Rohstoffe importiert, und die fertigen Industrieprodukte muß man zum Verkauf oder zum Export transportieren. Daher brauchen alle Industriegebiete gute **Verkehrswege**: Straßen, Autobahnen und eine Verbindung zur Eisenbahn. Die meisten großen Industriegebiete haben auch eine Verbindung zu den schiffbaren Flüssen und Kanälen.
- Sehr wichtig sind für die Industrie gute **Arbeitskräfte**. Diese gibt es in den Städten und Verdichtungsräumen. Dort sind auch die wichtigsten Standorte der Industrie.

Von 100 Menschen arbeiteten in der ehemaligen DDR rund 50 in der Industrie, in der früheren Bundesrepublik Deutschland rund 40. Deutschland ist ein typisches **Industrieland**.

41

Wirtschaftsräume im Überblick

Ostsee
Nordsee
Nord-friesische Inseln
Ostfriesische Inseln
Rügen
Usedom

DK
PL
NL
B
L
F
CH
CS
A

Nord-Ostsee-Kanal
Mittelland-kanal
Mittelland-kanal

Kiel
Rostock
Lübeck
Schwerin
Bremerhaven
Altes Land
Hamburg
Emden
Bremen
Berlin
Hannover
Wolfsburg
Osnabrück
Braunschweig
Salzgitter
Magdeburg
Brandenburg
Eisenhüttenstadt
Münster
Bielefeld–Herford
Soester Börde
Magdeburger Börde
Harz
Cottbus
Wolfen-Bitterfeld
Rhein-Ruhr
Sauerland
Halle
Leipzig
Leuna
Dresden
Düsseldorf
Kassel
Baunatal
Eisenach
Köln
Leverkusen
Siegen
Erfurt
Chemnitz
Aachen
Zwickau
Bonn
Thüringer Wald
Koblenz
Rhein-Main
Wiesbaden
Frankfurt
Schweinfurt
Mainz
Würzburg
Erlangen
Saar
Rhein-Neckar
Nürnberg
Ludwigshafen
Mannheim
Saarbrücken
Neckarsulm
Regensburg
Bayerischer Wald
Dungau
Stuttgart
Karlsruhe
Ingolstadt
Hallertau
Dingolfing
Schwarz-wald
Ulm
Augsburg
München
Freiburg
Burghausen
Allgäu
Oberbayern

Rhein, Ems, Weser, Elbe, Havel, Oder, Spree, Neiße, Mosel, Main, Saale, Werra, Fulda, Eder, Donau, Lech, Inn, Neckar

Wichtiger Bergbau

◈ Steinkohle
◇ Braunkohle

Wichtige Industriestandorte

⌂ Eisen- und Stahlindustrie (Hüttenwerke)
Metallwaren (z. B. Werkzeuge)
✿ Maschinenbau
Elektrotechnik
🚗 Automobilindustrie
Chemische Industrie
Textilindustrie

◉ Ort mit vielen Arbeitsplätzen im Tertiären Sektor (Handel, Verkehr, Verwaltung, Dienstleistungen)

schiffbarer Fluß

0   100   200 km

Besonders gekennzeichnete Räume

intensiver landwirtschaftlicher Anbau (Gemüse, Obst, Wein, Hopfen, Zuckerrüben)

Fremdenverkehrsgebiete, Erholungsgebiete

Verdichtungsraum

42

Hamburg

Arbeit und Wirtschaft

Welche Dinge benützt du im Laufe eines Tages, die du nicht selbst produzieren kannst?
Welche Menschen begegnen dir im Laufe eines Tages, deren Arbeit du für dich brauchst?
In deiner Aufzählung von Dingen und Menschen kannst du drei Sektoren unterscheiden:
primärer Sektor: Landwirtschaft
sekundärer Sektor: Produktion (Bergbau und Industrie)
tertiärer Sektor: Dienstleistungen
In Deutschland arbeiten immer weniger Menschen in den Bereichen der **Landwirtschaft** und der **Produktion**. Immer mehr Menschen arbeiten in den Bereichen der **Dienstleistungen**. Sie produzieren keine Waren, sondern sie arbeiten zum Beispiel als Omnibusfahrer, Kaufmann oder Friseur, als Ärztin, Sekretärin oder Lehrerin. Sie leisten also Dienste im Handel, im Verkehr, in der Verwaltung, in der Erziehung und in anderen Bereichen der Wirtschaft.
In den großen Städten und Verdichtungsräumen gibt es die meisten Arbeitsplätze, vor allem in den Wirtschaftsbereichen Produktion und Dienstleistungen. Im Bergbau und in der Industrie der Bundesrepublik gibt es aber auch die meisten Arbeitslosen. Insgesamt gibt es in der Bundesrepublik Deutschland jetzt rund 3 Millionen Arbeitslose.
Auf dem Land gibt es auch Arbeitsplätze in verschiedenen Wirtschaftsbereichen. Besonders intensiv ist die Landwirtschaft in der Nähe der Verdichtungsräume. Wo viele Menschen leben, braucht man auch viele Nahrungsmittel.
In den großen Feriengebieten gibt es viele Arbeitsplätze im Bereich der Dienstleistungen, zum Beispiel in Hotels und Restaurants.
Die Hafenstädte an der Nord- und Ostsee sind Zentren des internationalen Handels.
In Deutschland werden viele Waren für den **Export** produziert. Dabei sind die Industrieprodukte am wichtigsten: Fahrzeuge, Maschinen, Produkte der Elektrotechnik und Chemie. Andererseits braucht Deutschland den **Import** von vielen Waren. Man importiert zum Beispiel Rohstoffe für die Industrie, aber auch Maschinen, die in anderen Ländern billiger produziert werden. Ohne den **Welthandel** könnte Deutschland nicht existieren.

Welthandel (in Milliarden US-Dollar, 1990)

Land	Export	Import
1. USA	394	517
2. Deutschland	398	343
3. Japan	287	235
4. Frankreich	210	233
5. Großbritannien	186	225
6. Italien	161	173
7. Niederlande	125	122
8. Kanada	127	116

Die wichtigsten **Handelspartner** der Bundesrepublik sind die Staaten der Europäischen Gemeinschaft (EG) und die USA. Die fünf wichtigsten sind Frankreich, die USA, die Niederlande, Großbritannien und Italien.
Durch die Vereinigung der DDR mit der Bundesrepublik Deutschland sind schwierige wirtschaftliche Probleme entstanden. In der DDR gab es das System der **staatlichen Planwirtschaft**. In der Bundesrepublik Deutschland gibt es das System einer **sozialen Marktwirtschaft**. In der ehemaligen DDR sind nach der Vereinigung der beiden Staaten viele Frauen und Männer arbeitslos geworden. In allen Sektoren der Wirtschaft muß man neue Betriebe aufbauen und neue Arbeitsplätze schaffen, um das System der sozialen Marktwirtschaft zu realisieren.

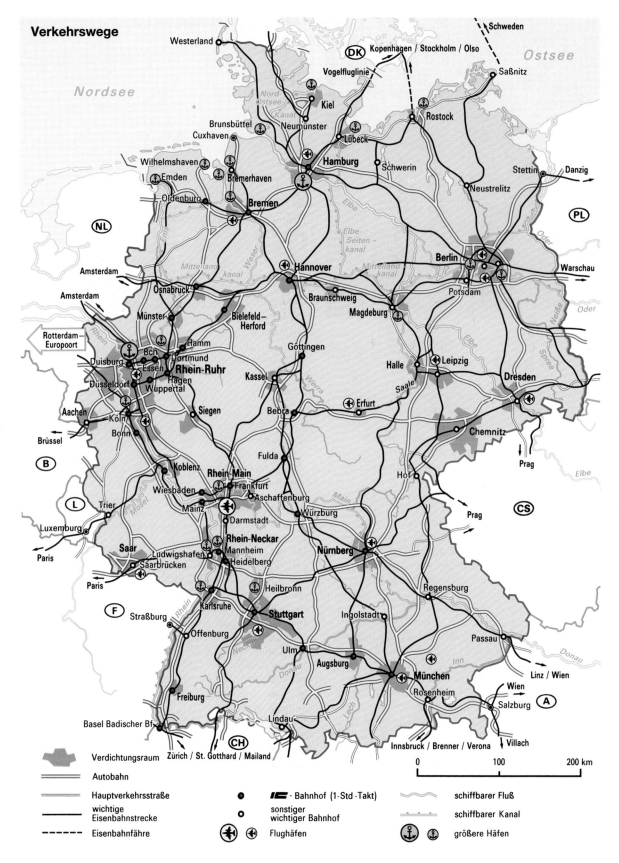

Verkehrswege

44

Map labels (reading approximately north to south):

Schweden · Ostsee · Nordsee · DK · Kopenhagen / Stockholm / Olso · Saßnitz · Westerland · Vogelfluglinie · Kiel · Rostock · Brunsbüttel · Neumünster · Lübeck · Cuxhaven · Nord-Ostsee-Kanal · Schwerin · Stettin · Danzig · Wilhelmshaven · Hamburg · Neustrelitz · Emden · Bremerhaven · Oldenburg · Bremen · Elbe-Seiten-kanal · Berlin · Warschau · NL · Amsterdam · Hannover · Braunschweig · Magdeburg · Potsdam · Mittelland-kanal · Oder · PL · Amsterdam · Osnabrück · Bielefeld–Herford · Göttingen · Halle · Leipzig · Neiße · Rotterdam-Europoort · Münster · Hamm · Bch · Dortmund · Kassel · Dresden · Duisburg · Essen · Rhein-Ruhr · Saale · Spree · Düsseldorf · Hagen · Wuppertal · Bebra · Erfurt · Aachen · Köln · Siegen · Chemnitz · Brüssel · Bonn · Fulda · Prag · B · Koblenz · Rhein-Main · Hof · Elbe · Wiesbaden · Frankfurt · Aschaffenburg · L · Trier · Mainz · Darmstadt · Würzburg · Prag · CS · Luxemburg · Rhein-Neckar · Paris · Saar · Ludwigshafen · Mannheim · Nürnberg · Heidelberg · Regensburg · Saarbrücken · Heilbronn · F · Straßburg · Karlsruhe · Stuttgart · Ingolstadt · Passau · Offenburg · Ulm · Augsburg · Donau · Linz / Wien · Freiburg · München · Wien · Rosenheim · Salzburg · A · Lindau · Innsbruck / Brenner / Verona · Villach · Basel Badischer Bf · CH · Zürich / St. Gotthard / Mailand

Legend:

 Verdichtungsraum

Autobahn

Hauptverkehrsstraße

wichtige Eisenbahnstrecke

Eisenbahnfähre

● **IC** - Bahnhof (1-Std-Takt)

○ sonstiger wichtiger Bahnhof

Flughäfen

schiffbarer Fluß

schiffbarer Kanal

größere Häfen

0   100   200 km

Immer schneller, immer bequemer

In Deutschland ist durchschnittlich jede Person dreimal täglich unterwegs, zur Schule und wieder nach Hause, zwischen Wohnung und Arbeitsplatz, zum Einkaufen oder auf einer Reise. Man fährt mit dem Auto, dem Fahrrad oder dem Motorrad, mit dem Bus, der Straßenbahn, der Eisenbahn, oder man benutzt auch das Flugzeug.

Es gibt **private** und **öffentliche Verkehrsmittel**. Mit dem privaten Auto kann man sich seinen eigenen Fahrplan machen. Man kann anhalten, wann man will. Man kann zu jeder Zeit an jeden Ort fahren. Denn jedes Dorf, auch das kleinste, hat heute eine Straße. In der Bundesrepublik Deutschland gibt es rund 35 Millionen Autos, dazu Motorräder, Mofas und andere private Verkehrsmittel.

Eisenbahn, Straßenbahn, U-Bahn und Bus sind die wichtigsten öffentlichen Verkehrsmittel. Jeder kann mitfahren, wenn er eine Fahrkarte hat. Natürlich muß er den Fahrplan beachten, und er muß Rücksicht auf die anderen Fahrgäste nehmen.

Wenn man öffentliche und private Verkehrsmittel vergleichen will, muß man die folgenden Fragen stellen:
– Welche Verkehrsmittel fahren sicherer?
– Welche fahren billiger?
– Welche brauchen mehr Platz?
– Welche fahren schneller und bequemer?
– Welche fahren umweltfreundlicher?

Der Personenverkehr in der bisherigen Bundesrepublik Deutschland im Jahr 1988

Verkehrsart	Personen	Anteil	
Privater Verkehr	30 500 Mio.	82	%
Öffentlicher Verkehr	6 880 Mio.	18	%
– Eisenbahn	1 100 Mio.	3	%
– Straßenbahn, Bus, Bahn	5 730 Mio.	15	%
– Flugzeug	52 Mio.	0,1	%

In den westlichen Bundesländern beherrschen die privaten Verkehrsmittel die Straße. Im Jahr 2000 werden durchschnittlich zwei Personen ein Auto haben.

Interessant ist der Vergleich mit den fünf neuen Bundesländern. Auch dort gibt es immer mehr

Verschiedene Verkehrsmittel in Wuppertal

Autos, und der Anteil des privaten Verkehrs wächst, vor allem seit der Vereinigung beider Staaten. Aber der öffentliche Verkehr spielt noch eine viel größere Rolle. Straßenbahn, Bus und Zug waren bisher auch sehr billig. Zum Beispiel kostete eine Fahrt mit der Straßenbahn in Berlin (Ost) 20 Pfennig, in Berlin (West) eine Fahrt mit der U-Bahn mehr als 2 DM.

Der Personenverkehr in der DDR im Jahr 1983

Verkehrsart	Personen	Anteil
Privater Verkehr	3 785 Mio.	48%
Öffentlicher Verkehr	4 100 Mio.	52%
– Eisenbahn	630 Mio.	8%
– Straßenbahn, Bus, Bahn	3 470 Mio.	44%

Im **Güterverkehr** werden täglich viele Millionen Tonnen Güter transportiert:
– zu Lande auf den Straßen und Eisenbahnen,
– zu Wasser auf den großen Flüssen und Kanälen und von den Hafenstädten an der Nord- und Ostsee in viele Länder der Welt,
– in der Luft von einem Flughafen zum anderen in Deutschland und in die ganze Welt.
Alle Verkehrswege zusammen bilden ein dichtes **Verkehrsnetz**. Wo sich viele Verkehrswege kreuzen, gibt es einen **Verkehrsknoten**.

Luftverschmutzung

Die Luftverschmutzung durch den Verkehr: Stickstoffoxide (NO$_x$ als NO$_2$) 1986

Dichte-klasse	Tonnen je km²	% des Mittelwertes*
1	0 – 1,7	0 – 15
2	>1,7 – 2,4	>15 – 20
3	>2,4 – 3,3	>20 – 28
4	>3,3 – 4,5	>28 – 38
5	>4,5 – 6,2	>38 – 53
6	>6,2 – 8,6	>53 – 73
7	>8,6 – 12	>73 – 100
8	>12 – 16	>100 – 140
9	>16 – 22	>140 – 190
10	>22 – 82	>190 – 890

* Mittelwert: 12 Tonnen je km² = 100 %

UTM-Rastersystem 10 km × 10 km

Westteil Berlins ○ Berlin

Für die neuen Bundesländer liegen keine vergleichbaren Angaben vor

Ostsee

Nordsee

Kiel

Hamburg

Bremen

Hannover

Dortmund

Düsseldorf

Köln

Bonn

Kassel

Wiesbaden

Frankfurt

Mainz

Nürnberg

Regensburg

Saarbrücken

Karlsruhe

Stuttgart

München

Bodensee

5400

3340

5300

3240

| 0 | 100 | 200 km |

46

Quelle: Umweltbundesamt

Smog-Alarm in der Stadt

Haltet die Luft an!

Dienstag, 24. Februar. Das Wetter heute morgen 7 Uhr:
- Berlin –2 °C, windstill, starker Nebel
- Hamburg –3 °C, windstill, starker Nebel
- Duisburg –1 °C, windstill, starker Nebel
- München –4 °C, windstill, starker Nebel
- Feldberg +8 °C, windstill, sonnig, klare Luft und gute Fernsicht.

Seit Tagen ist das Wetter unverändert: In den tieferen Lagen liegt kalte, feuchte Luft. In den höheren Lagen ist die Luft wärmer, trocken und klar. Die Sonne scheint. Der Luftdruck ist hoch.

Der **winterliche Hochdruck** ist typisch für das Wetter in Deutschland. Er kann sehr gefährlich werden. Denn in den kalten Luftschichten über dem Boden sammeln sich die **Abgase**, besonders in den Großstädten und in den Verdichtungsräumen. Die Abgase kommen aus den Autos, aus Kraftwerken, aus Fabriken und aus Wohnhäusern, wo man Kohle, Heizöl oder Holz verbrennt.

Tagelang ist es schon windstill. Der Nebel wird immer dichter und schmutziger. Die scharfe Luft sticht in die Nase. Viele Menschen haben Husten, Schnupfen und Kopfschmerzen. Wenn die Luftverschmutzung besonders schlimm ist, gibt es **Smog-Alarm**.

Dann darf man nicht mehr mit dem privaten Auto fahren, und in Fabriken, die viele Abgase produzieren, ruht für einige Tage die Arbeit.

Die **Luftverschmutzung** ist nicht nur im Winter ein Problem, sondern das ganze Jahr hindurch. Denn immer fahren Autos, immer arbeiten Fabriken und Kraftwerke, und immer erzeugen sie Abgabe. Diese sind gefährlich für Menschen, Tiere und Pflanzen. In der Chemie unterscheidet man zum Beispiel:
- **Schwefeldioxid** (SO_2). Es entsteht vor allem in Kraftwerken und Fabriken, die Kohle oder Heizöl als Brennstoffe verwenden.
- **Kohlenmonoxid** (CO). Es entsteht vor allem im Verkehr, aber auch in Haushalten und Fabriken, die mit Kohle heizen.
- **Stickoxide** (NO_x). Sie entstehen in großen Mengen im Verkehr und in Kraftwerken. Sie bilden sich, wenn man Benzin, Heizöl oder Kohle bei hohen Temperaturen verbrennt.

Im ganzen westlichen Deutschland gibt es Stationen, wo die Luftverschmutzung gemessen wird. Die Ergebnisse sammelt das Umweltbundesamt. Man hat das Gebiet der bisherigen Bundesrepublik in Quadrate von 10 mal 10 Kilometern ($= 100 \text{ km}^2$) eingeteilt. Ein Computer berechnet für jedes Quadrat die Luftverschmutzung. Danach kann man eine farbige Computerkarte zeichnen.

Die Karte zeigt nur die Stickoxide, die durch den Verkehr entstehen. Sie zeigt, wo die **Luftverschmutzung durch den Verkehr** am größten ist: in den Großstädten und in den Verdichtungsräumen. Man erkennt aber auch die Autobahnen: Das sind die orange-roten Bänder zwischen den Verdichtungsräumen. Am wenigsten Stickoxide entstehen in den Waldgebirgen. Die Stickoxide sind nur ein Beispiel für die Luftverschmutzung. Viele andere Abgase kommen hinzu. Der Wind trägt die verschmutzte Luft überall hin, deshalb sind auch die Wälder in den deutschen Mittelgebirgen krank. Besonders schlimm ist die Luftverschmutzung über den ostdeutschen Industriegebieten.

Was tut man gegen die Luftverschmutzung? Immer mehr Autos haben einen Katalysator, der die Abgase reinigt. Man fährt mit bleifreiem Benzin. Viele Kraftwerke und Fabriken haben Abgasfilter. Aber das alles ist noch nicht genug.

Waldschäden

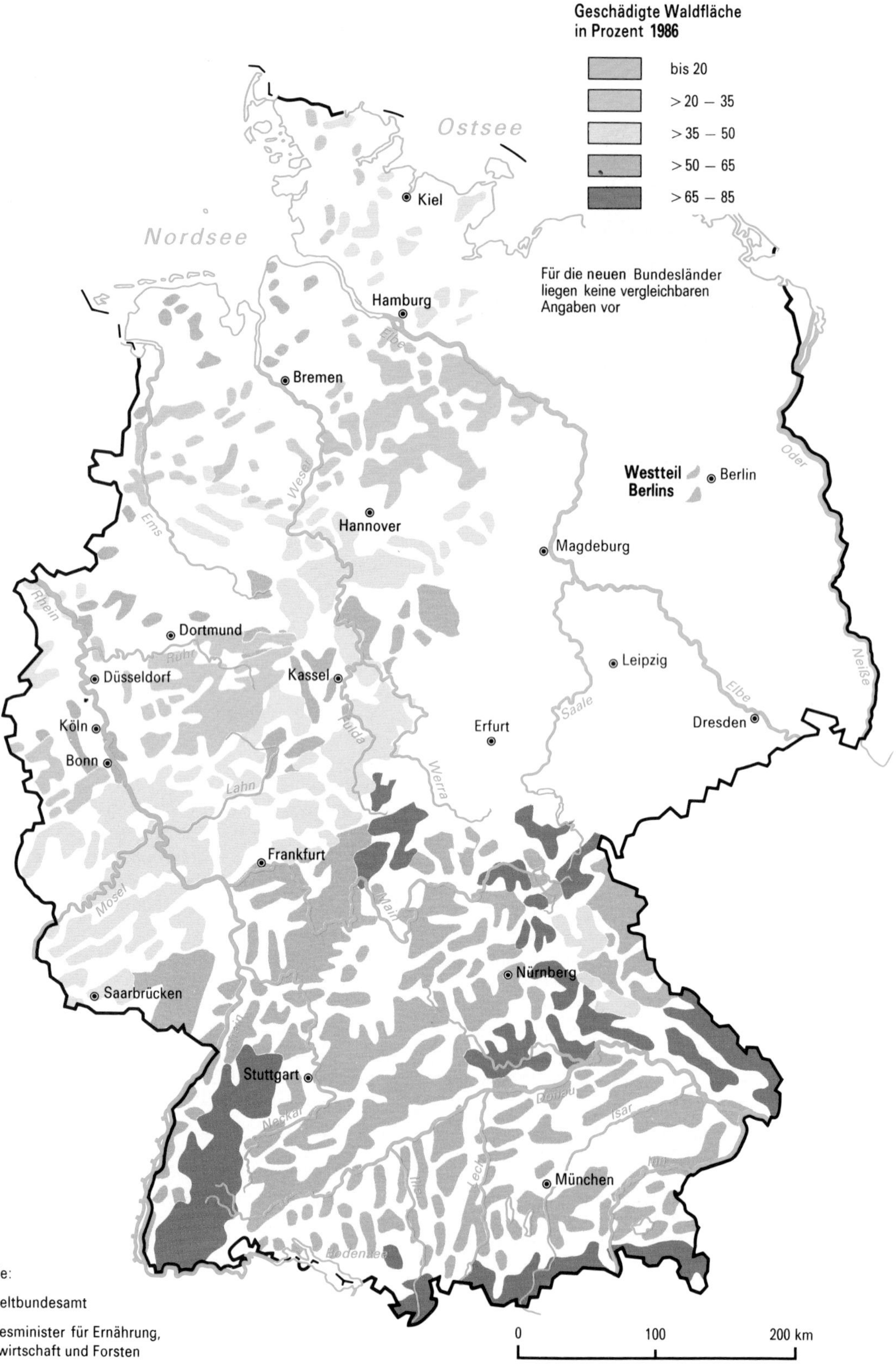

Geschädigte Waldfläche
in Prozent **1986**

	bis 20
	> 20 — 35
	> 35 — 50
	> 50 — 65
	> 65 — 85

Für die neuen Bundesländer
liegen keine vergleichbaren
Angaben vor

Ostsee

Nordsee

Kiel

Hamburg

Bremen

**Westteil
Berlins** ⊙ Berlin

Hannover

Magdeburg

Oder

Dortmund

Düsseldorf

Kassel

Leipzig

Neiße

Köln

Bonn

Erfurt

Dresden

Saale

Elbe

Lahn

Frankfurt

Werra

Mosel

Nürnberg

Main

Saarbrücken

Stuttgart

Donau

Isar

Neckar

München

Lech

Quelle:

Umweltbundesamt

Bundesminister für Ernährung,
Landwirtschaft und Forsten

0	100	200 km

48

Kranke Tannenbäume im Schwarzwald

Sterben die Wälder?

Seit Jahrtausenden gehören zu den Landschaften Mitteleuropas die Wälder. Früher war fast das ganze Land mit Wald bedeckt, aber man hat viel Holz zum Bauen, zum Feuermachen in der Küche und zum Heizen im Winter verbraucht. Im Lauf der Jahrhunderte haben die Menschen in ganz Europa große Wälder zerstört. In Deutschland ist nur noch rund ein Drittel des Landes mit Wald bedeckt, und in diesen Wäldern sind jetzt mehr als die Hälfte aller Bäume krank.

Besonders schlimm ist das **Waldsterben** bei den Tannen. Durchschnittlich sind von vier Bäumen drei krank, nur noch einer ist gesund. Die Tannen sind nicht mehr richtig grün, sondern grau. Die Äste hängen herunter, sie haben schon viele Nadeln verloren. Die Bäume können nicht mehr richtig wachsen. Das sieht man an der Krone; sie ist nicht mehr spitz, sondern flach wie ein Nest.

Am schlimmsten ist das Waldsterben im Erzgebirge und in Süddeutschland:
- im Südwesten (im Schwarzwald),
- im Südosten (im Oberpfälzer Wald und im Bayerischen Wald) und
- im Süden (in den Bergwäldern der Bayerischen Alpen).

Die wichtigste Ursache für das Waldsterben ist die **Luftverschmutzung**. Autos, Kraftwerke, Fabriken und die Heizungen der ·Wohnhäuser verursachen **Abgase**. Diese enthalten zum Beispiel viele Tonnen von Stickoxiden und Schwefeldioxid. Mit dem Wasser in der Luft verbinden sich die Stickoxide zu Salpetersäure und das Schwefeldioxid zu Schwefelsäure. So entsteht **der saure Regen**. Der Regen also, der den Bäumen das Leben bringen sollte, bringt ihnen Krankheit und Tod.

Besonders im Schnee sammeln sich große Mengen an Säuren. Wenn der Schnee schmilzt, bekommen die Wälder ein „Säurebad", und das ausgerechnet im Frühjahr, wenn die Bäume wieder kräftig wachsen wollen.

Können wir etwas gegen das Waldsterben tun? Hier sind die Meinungen verschiedener Schülerinnen und Schüler:

1. Carola: Wir müssen öfter das Auto zuhause lassen. Es gibt doch überall öffentliche Verkehrsmittel. Wir können zum Beispiel mit dem Zug in die Ferien reisen oder mit der S-Bahn zum Einkaufen in die Stadt fahren.
2. Petra: Wir können doch nichts ändern. Ich will so weiterleben wie bisher.
3. Uwe: Die Politiker müssen Gesetze machen, damit alle Fahrzeuge, nicht nur die Autos, sondern auch Lastkraftwagen und Omnibusse, weniger Abgase produzieren.
4. Hans: Mein Vater muß endlich sein altes Auto verkaufen und ein modernes Auto kaufen, das weniger Benzin verbraucht und einen Katalysator hat. Dann gibt es weniger giftige Abgase.
5. Karl: Am liebsten möchte ich mir eine Hütte im Wald bauen und ein Feuer machen. Ich möchte so einfach leben wie die Menschen vor zweitausend Jahren, ohne Auto, ohne elektrischen Strom, ohne diese ganze moderne Technik, die unsere Umwelt zerstört.
6. Peter: Vielleicht kaufe ich mir kein Mofa, sondern ein Fahrrad. Jeder Kilometer, den ich ohne Motor fahre, ist gut für die Umwelt und gut für mich. Aber das Mofafahren macht natürlich viel mehr Spaß und ist so bequem!

Gewässerbelastung

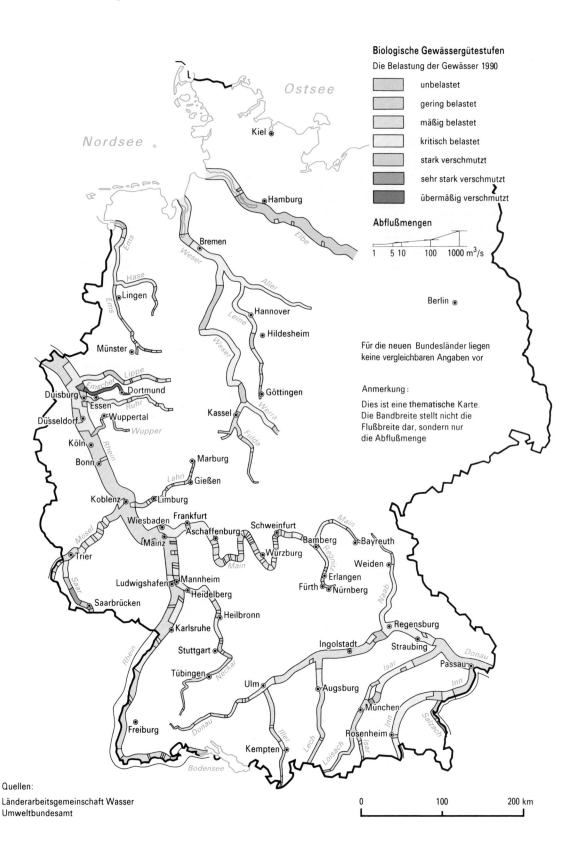

Biologische Gewässergütestufen

Die Belastung der Gewässer 1990

- unbelastet
- gering belastet
- mäßig belastet
- kritisch belastet
- stark verschmutzt
- sehr stark verschmutzt
- übermäßig verschmutzt

Abflußmengen

1 5 10 100 1000 m³/s

Für die neuen Bundesländer liegen keine vergleichbaren Angaben vor

Anmerkung:

Dies ist eine thematische Karte. Die Bandbreite stellt nicht die Flußbreite dar, sondern nur die Abflußmenge

50

Quellen:

Länderarbeitsgemeinschaft Wasser
Umweltbundesamt

0   100   200 km

Ohne Wasser kein Leben

Menschen, Tiere und Pflanzen brauchen Wasser, um leben zu können. Ohne Wasser gibt es kein Leben. Deutschland ist reich an Wasser, denn es gibt das ganze Jahr über Niederschläge.
- Den größten Teil des Regenwassers nimmt die Luft wieder auf, das heißt, es verdunstet. Das sind ungefähr 60 von 100 Litern Regenwasser.
- Ungefähr 30 von 100 Litern Regenwasser fließen in den Boden und bilden das **Grundwasser**.
- Nur 7 von 100 Litern Regenwasser fließen in einen Bach, einen Fluß oder in einen See. Sie bilden das **Oberflächenwasser**.
- Große Mengen an Oberflächenwasser bringen auch die Flüsse aus den Nachbarstaaten mit, zum Beispiel die Elbe, der Rhein und die Mosel.

In Deutschland werden von 400 Litern Grund- und Oberflächenwasser ungefähr 100 Liter verbraucht. Das ist sehr viel.
- Den größten Verbrauch haben die Wärmekraftwerke (Kohle- und Kernkraftwerke). Von 100 Litern Wasser verbrauchen sie 62,5 Liter. Sie benützen das Wasser zum Kühlen.
- Sehr viel Wasser verbraucht auch die Industrie, ungefähr 25 von 100 Litern.
- Die Haushalte verbrauchen 12,5 von 100 Litern.

Kraftwerke und Industrie nehmen das Wasser zum größten Teil aus den Flüssen. Das Trinkwasser für die Haushalte kommt vor allem aus dem Grundwasser und aus Quellen. Der Verdichtungsraum Stuttgart zum Beispiel bekommt Trinkwasser aus dem Bodensee. In den Großstädten und Verdichtungsräumen am Rhein braucht man so viel Trinkwasser, daß man auch Wasser aus dem Fluß nehmen muß. Es wird gereinigt und chemisch behandelt, dann kann man es trinken.

Badewasser, Wasser aus der Waschmaschine, Wasser aus dem WC, Wasser aus Fabriken und Kraftwerken, ja sogar das Regenwasser, das sich in den Straßen sammelt: Alles das ist **Abwasser**. Es enthält Schmutz und viele chemi-

Die Pfalz im Rhein oberhalb von Koblenz

sche Stoffe, die oft gefährlich sind. Es gibt viele Millionen Liter Abwasser jeden Tag. In den **Kläranlagen** wird es gereinigt, bevor es in die Flüsse fließt. Es gibt noch zu wenig Kläranlagen, daher sind viele Flüsse stark verschmutzt. Die Karte zeigt die **Verschmutzung der Flüsse** in den westlichen Bundesländern ganz deutlich. Der Rhein zum Beispiel ist fast überall verschmutzt. Aber es gibt auch Abschnitte im Fluß, die relativ sauber sind. An diesen Flußabschnitten liegen Großstädte und Fabriken, die gute Kläranlagen haben.

Die meisten großen Flüsse Deutschlands fließen in die **Nordsee**. Dort konzentriert sich die Wasserverschmutzung. Auch die Schiffe und die Erdölstationen in der Nordsee verschmutzen das Wasser. Man wirft Abfälle ins Meer. Abwasser, Motorenöl und Säuren fließen ins Meer. Andere chemische Stoffe werden auf den Schiffen verbrannt, und so entstehen gefährliche Abgase.
Zahllose kleinste Wassertierchen, aber auch viele große Fische, Robben und Seevögel sind erkrankt oder gestorben. Manchmal kann man nicht einmal mehr an der Küste der Nordsee baden. Die Wasserverschmutzung ist zu gefährlich.

Die deutsche Sprache in Europa

0 — 400 km

Isländisch

Färöisch

Nenzisch

Norwegisch

Schwedisch

Lappisch

Finnisch

Schwed.

Schwed.

Karelisch

Russisch

Estnisch

Lettisch

Litauisch

Russ.

Weiß-russisch

Gälisch

Irisch

Englisch

Walisisch

Dänisch

Kaschubisch

Polnisch

Sorbisch

Ukrainisch

Niederländisch

Deutsch

Tschechisch

d.

Bretonisch

Letzeburgisch

Deutsch

Slowakisch

d.

Moldauisch

Französisch

Ungarisch

d.

d.

d.

u.

Rumänisch

Räto-romänisch

Slowenisch

Friaulisch

Galicisch

Baskisch

Provençalisch

Italienisch

Serbokroatisch

Bulgarisch

t.

Make-donisch

Türkisch

Portugiesisch

Spanisch

Corsisch

Katalanisch

Katal.

Sardisch

a.

Albanisch

gr.

gr.

t

Griechisch

a.

a.

a.

Germanische Sprachen

Romanische Sprachen

Griechisch

Keltische Sprachen

Albanisch

Slawische Sprachen

Litubaltische Sprachen

Uralisch

Türkisch

Baskisch

Staat mit mehreren gleichberechtigten Sprachen

52

„Peter" ist international

Ein junger Brasilianer reist mit dem Rucksack von Portugal aus quer durch Europa bis zum Nordkap. Die Leute begrüßen ihn fast in jedem Land in einer anderen Sprache:
„Bom dia, Pedro! Buenos dias, Pedro! Bonjour, Pierre! Guten Tag, Peter! God dag, Peter! Hyvää päivää, Pietari!"
In Europa spricht man insgesamt über 50 verschiedene Sprachen. Deutsch spricht man als **Landessprache** in den folgenden Ländern:

Land	deutschsprachige Bevölkerung
Deutschland	74 000 000
Österreich	7 400 000
Schweiz	3 900 000
Luxemburg	300 000
Liechtenstein	20 000

In der Schweiz gibt es drei Landessprachen, Deutsch, Französisch und Italienisch. Zwei Landessprachen gibt es in Luxemburg, Französisch und Deutsch.

Aber auch in anderen Ländern Europas gibt es viele Menschen, die Deutsch als **Muttersprache** sprechen. Sie sind in ihrem Land eine **deutschsprachige Minderheit**, das heißt, die Mehrheit der Menschen spricht dort eine andere Sprache. Große deutsche Minderheiten befinden sich in den folgenden Ländern:

Land	deutschsprachige Minderheit
Frankreich	1 200 000
GUS	1 104 000
Polen	1 100 000
Italien	300 000
Rumänien	200 000

Unter den vielen Millionen Menschen, die deutsch sprechen, gibt es natürlich große Unterschiede. Ein Beispiel: „Guten Tag" versteht man überall, wo man deutsch spricht. Aber in Süddeutschland sagt man oft „Grüß Gott", in der Schweiz „Grüezi" und in Österreich „Servus".
Deutsch ist in Europa eine der fünf wichtigsten Sprachen:

Muttersprache	Menschen in Europa
Russisch	101 000 000
Deutsch	92 000 000
Englisch	59 000 000
Französisch	55 000 000
Italienisch	53 000 000

Viele Sprachen Europas haben ähnliche Wörter und eine ähnliche Grammatik. Sie sind miteinander verwandt und bilden eine **Sprachfamilie**. Das Bild unten zeigt die germanische, romanische, slawische und uralische Sprachfamilie sowie viele Sprachen Europas.

Sprachen und Sprachfamilien in Europa

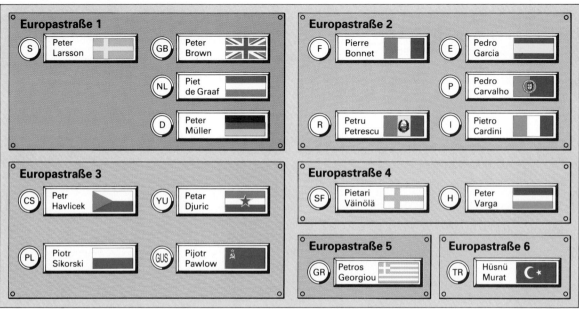

Europastraße 1
- S — Peter Larsson
- GB — Peter Brown
- NL — Piet de Graaf
- D — Peter Müller

Europastraße 2
- F — Pierre Bonnet
- E — Pedro Garcia
- P — Pedro Carvalho
- R — Petru Petrescu
- I — Pietro Cardini

Europastraße 3
- CS — Petr Havlicek
- YU — Petar Djuric
- PL — Piotr Sikorski
- GUS — Pijotr Pawlow

Europastraße 4
- SF — Pietari Väinölä
- H — Peter Varga

Europastraße 5
- GR — Petros Georgiou

Europastraße 6
- TR — Hüsnü Murat

Erdkundliche Kenntnisse

Aufgaben zur Prüfung der Kenntnisse von Deutschland und zur Arbeit mit den Karten

Deutschland in Europa (S. 8/9)

1. Kein anderes Land Europas hat so viele Nachbarstaaten wie die Bundesrepublik. Nenne diese Staaten!
   Unterscheide dabei die verschiedenen Himmelsrichtungen!
2. Beschreibe die Lage Deutschlands in Europa! Welche Vorteile hat diese Lage?
3. Welche wirtschaftliche Bedeutung haben die Nachbarstaaten für Deutschland? Erkläre das an Beispielen!
4. Nenne die Länder der Europäischen Gemeinschaft!
   Welche Bedeutung haben diese Länder für die Bundesrepublik Deutschland?
5. Unterscheide die Teilgebiete Europas (Nordeuropa, Westeuropa ...)!
   Nenne zu jedem Teilgebiet einige Staaten!

Deutschland früher (S. 10/11)

1. Wie kann man diese 6 Zeitabschnitte der deutschen Geschichte im 20. Jahrhundert nennen?
   1871 bis 1914
   1914 bis 1918
   1918 bis 1933
   1933 bis 1945
   1939 bis 1945
   1949 bis 1990
2. Beschreibe Deutschland in den Grenzen des Jahres 1937!
3. Betrachte die Landkarte aus dem Jahr 1945! Wie war damals die Situation in Deutschland?
4. Beschreibe die Situation, die in Deutschland im Jahr 1949 entstanden ist!
5. Was weißt du über die Kaiser-Wilhelm-Gedächtnis-Kirche?

Deutschland seit 1990 (S. 12/13)

1. Nenne die sechzehn Länder der Bundesrepublik Deutschland mit ihren Hauptstädten!
2. Welche Länder der Bundesrepublik liegen an der Nordsee?
3. Beschreibe die besondere Lage des Landes Schleswig-Holstein!
4. Welche Länder liegen an der Grenze zu den westlichen Nachbarstaaten?
5. Welche Länder der Bundesrepublik liegen am Rhein?
   Welche Nachbarstaaten der Bundesrepublik liegen am Rhein?
6. Welche Länder liegen in Süddeutschland? Welche Nachbarstaaten haben sie?
7. Auf einer Autofahrt rund um den Bodensee kommt man durch verschiedene Länder der Bundesrepublik und verschiedene Nachbarstaaten. Nenne diese Länder und Nachbarstaaten!
8. Welche Länder liegen an der Grenze zu den östlichen Nachbarstaaten?
9. Welche Länder liegen an der Ostsee?
10. Welche Länder der Bundesrepublik liegen an der Elbe?
11. Beschreibe die politische Staatsform der Bundesrepublik Deutschland!
12. Wie wurde Deutschland wieder zu einem Staat?

Berlin (S. 14/15)

1. Erkläre die Überschrift: Vier Viertel – zwei Halbe – ein Ganzes!
2. Was weißt du über die Berliner Mauer? Beschreibe, wie sie verlief!
3. Beschreibe eine Fahrt mit dem Auto von Hamburg nach Berlin (West) im Jahr 1988!
4. Welche Bedeutung hat Berlin heute für Deutschland?

Großlandschaften (S. 16/17)

1. Wie heißen die Großlandschaften Deutschlands von Norden nach Süden?
2. Welche Großlandschaften gehören zu Norddeutschland?
   Welche gehören zu Süddeutschland?
3. Wo befindet sich der nördlichste Punkt Deutschlands?
   Wo ist das südlichste Gebiet?
4. Wie groß ist die Entfernung zwischen der Insel Sylt und der Zugspitze?
   Wie lange braucht man, um mit dem Zug durch Deutschland zu reisen?
5. Beschreibe eine Großlandschaft!
6. Der Rhein fließt durch alle Großlandschaften Deutschlands. Beschreibe den Lauf des Rheins!
7. Nenne einen großen Fluß in Süddeutschland! Beschreibe seinen Lauf!
8. Nenne einen großen Fluß in Norddeutschland! Beschreibe seinen Lauf!
9. Nenne einige Waldgebirge!
   Beschreibe ihre Lage!
10. In jeder Großlandschaft Deutschlands gibt es auch Städte. Nenne eine Stadt in jeder Großlandschaft!

Fremdenverkehr (S. 18/19)

1. Warum können immer mehr Menschen Ferienreisen machen?
2. Wohin reisen die Bürger Deutschlands in den Ferien?
3. Viele Touristen besuchen jedes Jahr Deutschland. Woher kommen sie?
4. Nenne einige wichtige Feriengebiete in Deutschland!
   Beschreibe, wo sie liegen!
5. Nenne einige Orte, wo man im Sommer die Ferien verbringen kann!
   Wo liegen diese Ferienorte?
   Was kann man in diesen Orten machen?
6. Wo gibt es eine typische Wintersaison?
7. Nenne einige Heilbäder und Kurorte!
   Wo liegen sie?
   Was kann man in diesen Orten machen?

Naturschutz und Erholung (S. 20/21)

1. Woher kommen viele Besucher der Naturparke?
   Wann kommen sie dorthin?
   Warum kommen sie in die Naturparke?
2. Nenne einige Naturparke und beschreibe, wo sie liegen!
3. Wie kann man in einem Naturpark seine Freizeit verbringen und sich erholen?
4. Erkläre den Unterschied zwischen Naturparken und Nationalparken!
5. Wo liegen die Nationalparke?

Temperaturen (S. 22/23)

1. Beschreibe die Jahreszeiten in Deutschland!
   Warum sind die Unterschiede zwischen den Jahreszeiten so groß?
2. Wann beginnt der Sommer, wann beginnt der Winter in Deutschland?
3. Vergleiche den längsten Sommertag mit dem kürzesten Wintertag!
4. Vergleiche die Temperaturen im Sommer und im Winter!
5. Beschreibe die Temperaturen in Köln im Lauf des Jahres!
6. Berechne die mittlere Tagestemperatur!
   Köln, 7. Juli: 7 Uhr morgens 18 °C
   14 Uhr mittags 24 °C
   21 Uhr abends 19 °C
   Köln, 2. Februar: 7 Uhr morgens −4 °C
   14 Uhr mittags +2 °C
   21 Uhr abends −1 °C
7. Berechne anhand der Monatstemperaturen in Köln das Jahresmittel!
8. Wie hoch ist das Jahresmittel der Temperatur in diesen Orten oder Gebieten?
   a) in Kiel
   b) auf dem Kahlen Asten
   (im Rothaargebirge, 841 m hoch)
   c) in Karlsruhe
   d) bei München und Augsburg
   e) auf dem Brocken (im Harz, 1 142 m hoch)
   f) auf der Schwäbischen Alb (nördlich von Ulm)
   Ordne diese Orte nach dem Jahresmittel der Temperatur!
9. Nenne die wärmsten und kältesten Gebiete Deutschlands! Beschreibe ihre Lage!
10. Beschreibe die Temperaturunterschiede zwischen Nord- und Süddeutschland!

Niederschläge (S. 24/25)

1. Beschreibe zwei Arten von Niederschlägen, die es in Deutschland oft gibt!
2. Beschreibe die Niederschläge in Köln im Lauf des Jahres!
3. Berechne anhand der Monatsniederschläge in Köln die Jahressumme!
4. Wie groß ist der Jahresniederschlag in den folgenden Orten oder Gebieten?
   a) an der Saale, südlich von Magdeburg
   b) in München
   c) auf dem Feldberg (im Schwarzwald, 1 493 m hoch)
   d) in Lübeck
   e) in Berlin
   f) in Münster
   g) auf dem Brocken (im Harz, 1 142 m hoch)
   h) auf der Zugspitze (2 963 m hoch)
   Ordne diese Orte nach der Menge des Jahresniederschlags!
5. In welchen Gebieten Deutschlands gibt es besonders viele Niederschläge?
6. Wo gibt es relativ wenige Niederschläge?
7. Begründe, warum es in manchen Gebieten weniger, in anderen mehr Niederschläge gibt!
8. Beschreibe das Klima in Deutschland!
9. Woher kommen die Wolken, die die Niederschläge bringen?
10. Wo in Europa hat das Klima kontinentalen Charakter?
    Was ist beim kontinentalen Klima anders als zum Beispiel beim Klima an der Nordseeküste?

Frühlingseinzug (S. 26/27)

1. Wann beginnt im deutschen Kalender der Frühling?
2. Wie erkennt man in der Natur den Frühlingseinzug?
3. Wann beginnt der Frühlingseinzug in den folgenden Orten oder Gebieten?
   a) in der Kölner Bucht (Köln–Bonn)
   b) im Alten Land, in der Umgebung Hamburgs
   c) am Bodensee
   d) im Kaiserstuhl, westlich von Freiburg im Rheintal
   e) auf den Höhen des Westerwalds
   f) auf den Höhen des Erzgebirges
   g) im Neckartal nördlich von Stuttgart
   Ordne diese Gebiete nach dem Beginn des Frühlingseinzugs!
4. Welche Gebiete haben das wärmste Klima in Deutschland?
   Warum haben diese Gebiete ein besonders mildes Klima?
5. Nenne Gebiete, in denen der Frühling sehr spät einzieht! Warum?
6. Nenne drei Gebiete, wo es überhaupt keine Apfelbäume gibt!
   Erkläre, warum hier keine Apfelbäume wachsen können!

Klima und Gesundheit (S. 28/29)

1. Welche Gebiete in Deutschland sind belastende Zonen? Warum?
2. Welches Gebiet wird vom Föhn beeinflußt?
   Erkläre, woher der Föhn kommt!
   Welchen Einfluß hat der Föhn auf die Gesundheit?
3. Wo in Deutschland gibt es gesunde Zonen?
4. Nenne einige Seebäder! Wo liegen sie?
5. Nenne einige heilklimatische Kurorte! Wo liegen sie?

Bevölkerungsdichte (S. 30/31)

1. Wieviele Einwohner hat Deutschland?
2. Beschreibe die durchschnittliche Bevölkerungsdichte.
3. Wie hoch ist die Bevölkerungsdichte in den folgenden Gebieten?
   a) an der deutsch-dänischen Grenze
   b) im Verdichtungsraum Hannover
   c) in den Bayerischen Alpen
   d) im Donautal außerhalb der Großstädte
   e) an der Ostseeküste außerhalb der Großstädte
   Ordne diese Gebiete nach ihrer Bevölkerungsdichte!
4. Wo ist die Bevölkerungsdichte im allgemeinen besonders hoch?
   Nenne einige Beispiele von solchen Gebieten!
   Beschreibe ihre Lage!
5. Beschreibe die beiden großen Siedlungsbänder in Deutschland!
   Wie hoch ist im allgemeinen die Bevölkerungsdichte in diesen Gebieten?
6. Wo befinden sich im allgemeinen Zonen mit geringer Bevölkerungsdichte?
7. Nimm den Maßstab der Europakarte (S. 6) in den Zirkel und zeichne damit einen Kreis auf ein Transparentpapier! Lege diesen Kreis auf die Europakarte! Der Mittelpunkt soll ungefähr in der Mitte Deutschlands liegen.
   Welche Staaten liegen ganz oder zum großen Teil in diesem Kreis?
   Welche Bedeutung hat dieser Kreis in Europa?

Städte und Verdichtungsräume
(S. 32/33)

1. Nenne einige Verdichtungsräume in Deutschland!
   Beschreibe ihre Lage!
2. Die meisten Verdichtungsräume haben eine zentrale Großstadt, die größer und wichtiger ist als alle anderen Städte in diesem Verdichtungsraum.
   Nenne Beispiele für solche Verdichtungsräume!
3. Nur in einem Verdichtungsraum in Deutschland gibt es mehrere große Städte, die gleich wichtig sind.
   Wie heißt dieser Verdichtungsraum? Wo liegt er?
   Nenne die größten Städte in diesem Verdichtungsraum!
4. Der Verdichtungsraum München hat sich in den vergangenen Jahrzehnten stark verändert. Diese Veränderungen sind typisch für die Verdichtungsräume in Deutschland.
   Wie hat sich der Verdichtungsraum München in den vergangenen Jahrzehnten verändert?
5. Erkläre am Beispiel Münchens die Begriffe „Stadt", „Verdichtungsraum" und „Umland"!
6. Welche Vorteile hat es, in einer Großstadt wie München zu leben?
7. Welche Nachteile hat das Leben in einer Großstadt?

Landwirtschaft (S. 34/35)

1. Nenne die wichtigsten Produkte der Landwirtschaft in Deutschland!
   Welche Nahrungsmittel oder Getränke werden aus diesen Produkten hergestellt?
2. Welche Produkte liefert der Ackerbau in Deutschland?
   Wo gibt es große Ackerbaugebiete?
3. Welche Produkte liefert die Viehwirtschaft?
   Wo gibt es große Gebiete der Viehwirtschaft?
4. Erkläre den Unterschied zwischen Ackerland und Grünland!
5. Welche Produkte liefern die Intensivkulturen?
   Wo gibt es Intensivkulturen? Beschreibe ihre Lage!
6. Beschreibe eine Intensivkultur! Welche Arbeiten muß man im Laufe des Jahres von Hand machen?
7. Beschreibe die Situation der Landwirte im westlichen Deutschland!
8. Beschreibe eine landwirtschaftliche Produktionsgenossenschaft (LPG) in der ehemaligen DDR!
9. Welche Unterschiede gibt es zwischen einem Bauernhof in Westdeutschland und einer LPG in der ehemaligen DDR?

Bodenschätze (S. 36/37)

1. Nenne einige Beispiele von Bodenschätzen und erkläre, wozu man diese Bodenschätze braucht!
2. Nenne wichtige Vorkommen von Bodenschätzen in Deutschland! Beschreibe ihre Lage!
3. Nenne wichtige Bodenschätze, die es in Deutschland nicht oder nur in kleinen Mengen gibt!
   Wie versorgt sich die Industrie mit diesen Gütern?
4. Welche besondere Bedeutung hat die Kohle für Deutschland?
5. Beschreibe:
   Die Vorkommen von Kohle
   Der Abbau der Kohle

Energieversorgung (S. 38/39)

1. Welche Energieträger verwendet man in den Kraftwerken?
2. Welche Bedeutung hat in Deutschland die Wasserkraft?
   Wo gibt es Wasserkraftwerke? Beschreibe ihre Lage!
   Welche Vor- und Nachteile haben die Wasserkraftwerke?
3. Welche Bedeutung haben in Deutschland Kohlekraftwerke?
   Wo gibt es Kohlekraftwerke? Beschreibe ihre Lage!
   Welche Vor- und Nachteile haben die Kohlekraftwerke?
4. Welche Bedeutung haben in Deutschland Kernkraftwerke?
   Wo gibt es Kernkraftwerke? Beschreibe ihre Lage!
   Welche Vor- und Nachteile haben die Kernkraftwerke?
5. Wie funktioniert das internationale Verbundnetz für elektrischen Strom?

Industrie (S. 40/41)

1. Die Autoindustrie ist ein Beispiel für einen wichtigen Industriezweig in Deutschland. Warum ist die Autoindustrie so wichtig?
2. Wie wird ein Auto gebaut?
   Nenne einige deutsche Automarken!
3. Nenne andere wichtige Industriezweige in Deutschland! Nenne auch zu jedem Industriezweig einige Produkte!
4. Wo befinden sich die größten Industriegebiete?
   Beschreibe ihre Lage!
   Nenne zu jedem Industriegebiet die wichtigsten Industriezweige!
5. Welche Industriegebiete haben ihren Standort beim Rohstoff?
6. Warum braucht jedes Industriegebiet gute Verkehrswege?
7. Welche Industriegebiete liegen an einer Schiffahrtsstraße (= an einem schiffbaren Fluß oder einem Kanal)? Beschreibe ihre Standorte!
8. Nur wenige Industriegebiete liegen nicht direkt an einer Schiffahrtsstraße. Welche sind das? Beschreibe ihre Standorte!

Wirtschaftsräume im Überblick
(S. 42/43)

1. Man unterscheidet drei große Bereiche der Wirtschaft: Landwirtschaft, Produktion und Dienstleistungen. Wie verteilen sich in Deutschland die Arbeitsplätze in diesen Wirtschaftsbereichen?
2. In welchen Gebieten Deutschlands gibt es die meisten Arbeitsplätze? Wo liegen diese Gebiete?
3. Welche Arbeitsplätze gibt es auf dem Land?
4. Welche wirtschaftliche Funktion haben die Hafenstädte?
   Nenne einige Hafenstädte in Deutschland!
5. Welche Bedeutung hat der Welthandel für Deutschland?
   Beschreibe genauer die Position Deutschlands im Welthandel!
6. Nenne die wichtigsten Waren im Import und Export Deutschlands!
7. Nenne die wichtigsten Handelspartner Deutschlands!

Verkehrswege (S. 44/45)

1. Betrachte das Bild von Wuppertal und nenne die verschiedenen Verkehrsmittel!
2. Erkläre den Unterschied zwischen öffentlichen und privaten Verkehrsmitteln!
3. Vergleiche die Vor- und Nachteile der öffentlichen und privaten Verkehrsmittel!
4. Vergleiche den Personenverkehr in beiden Teilen Deutschlands!
5. Deutschland liegt in der Mitte Europas. Deshalb gibt es viel Durchgangsverkehr. Beschreibe eine Strecke von Nord nach Süd durch Deutschland!
Wie lang ist diese Strecke? Wie lange dauert die Fahrt?
Beschreibe auch eine Strecke von West nach Ost durch Deutschland!
6. Beschreibe einen Verkehrsknoten in Deutschland:
Wo liegt er? Welche Verkehrswege gibt es dort? Woher kommen sie?
7. Nenne einige Hafenstädte am Meer! Beschreibe ihre Lage!
8. Beschreibe die folgenden Schiffahrtsstraßen:
   – Rhein
   – Mittellandkanal
   – Main/Donau
   Welche Städte und Verdichtungsräume liegen an diesen Schiffahrtsstraßen?

Luftverschmutzung (S. 46/47)

1. Beschreibe das Wetter bei winterlichem Hochdruck in Deutschland!
2. Warum kann dieses Wetter sehr gefährlich werden?
3. Was geschieht bei Smog-Alarm?
4. Woher kommen die Abgase?
5. Nenne drei chemische Stoffe, die in den Abgasen enthalten sind! Erkläre auch, wie sie entstehen!
6. Wo ist im westlichen Deutschland die Luftverschmutzung durch den Verkehr besonders stark?

7. Wo ist die Belastung relativ gering? Warum sind diese Gebiete trotzdem in Gefahr?
8. Wie ist die Computerkarte der Luftverschmutzung entstanden?
9. Was kann man gegen die Luftverschmutzung tun?

Waldschäden (S. 48/49)

1. Wie sieht ein kranker Tannenbaum aus?
2. Welche wichtige Ursache hat das Waldsterben?
3. Wie entsteht der saure Regen?
4. In welchen Gebieten der bisherigen Bundesrepublik Deutschland ist das Waldsterben am schlimmsten?
5. Was kann man gegen das Waldsterben tun?

Gewässerbelastung (S. 50/51)

1. Warum ist Deutschland reich an Wasser?
2. Warum wird in Deutschland sehr viel Wasser verbraucht?
3. Woher nimmt man das Wasser für die Kraftwerke und die Industrie?
Woher kommt das Trinkwasser?
4. Warum gibt es Probleme mit dem Abwasser?
5. Warum sind fast überall in Deutschland die Gewässer verschmutzt?
6. Nenne einige Flüsse oder Flußabschnitte, die besonders stark verschmutzt sind!
Nenne auch einige Gewässer, die relativ sauber sind!
7. Was kann man gegen die Verschmutzung der Flüsse tun?
8. Welche Ursachen hat die Verschmutzung der Nordsee?
Wie wirkt sich diese Verschmutzung aus?

Die deutsche Sprache in Europa
(S. 52/53)

1. Durch welche Staaten kommt man auf einer Reise von Lissabon quer durch Europa bis zum Nordkap?
Welche Sprachen spricht man in diesen Ländern?
2. In welchen Staaten Europas spricht man Deutsch als Landessprache?
Wo liegen diese Staaten?
3. In welchen europäischen Staaten gibt es deutschsprachige Minderheiten?
Wo liegen diese Sprachgebiete?
4. Welche Sprachen werden in Europa am meisten gesprochen?
In welchen europäischen Staaten spricht man diese Sprachen?
5. Welche Sprachen gehören zur germanischen Sprachfamilie?
Nenne die Staaten, wo man diese Sprachen spricht!
Wo liegen sie?
6. Welche Sprachen gehören zur romanischen Sprachfamilie?
Wo spricht man diese Sprachen? Nenne die Staaten und beschreibe, wo sie liegen!
7. Welche Sprachen gehören zur slawischen Sprachfamilie?
Nenne auch zu diesen Sprachen die Staaten! Beschreibe ihre Lage!
8. Die uralische Sprachfamilie ist klein.
Welche Sprachen gehören zu ihr?
Wo werden diese Sprachen gesprochen?
9. Im Überblick über Europa kann man drei große Sprachgebiete erkennen:
   – die Länder rund um die Nord- und Ostsee
   – die Länder am westlichen Mittelmeer
   – die Länder Osteuropas
   Welche Sprachfamilien gehören zu diesen Gebieten?

Deutschland im Vergleich mit anderen Staaten

	Fläche in 1000 km²	Einwohner 1988 in Mio.	Bevölkerungsdichte 1988 Einw./km²	jährl. Bevölkerungs-wachstum 1980–1988 in %	Anteil der städtischen Bevölkerung 1987 in %	Anteil der Bevölkerung unter 15 Jahren 1987 in %	Bruttosozialprodukt 1988 in Mrd. US $	BSP je Einwohner 1988 in US $	Anteil der Landwirtschaft am BSP 1987 in %	Anteil der Industrie am BSP 1987 in %	Anteil der Dienstleistungen am BSP 1987 in %
Mitteleuropa											
Bundesrepublik Deutschland	249	61,1	246	− 0,1	86	15	1 131,3	18 530	2[1]	38[1]	60
ehem. DDR	108	16,7	154	− 0,1	76	19	190,0[6]	11 600[6]	11[1]	64[1]	25
Liechtenstein	0,16	0,03	188	−	−	−	−	17 625	−	−	−
Österreich	84	7,6	90	0,0	57	18	117,6	15 560	3[1]	37[1]	60
Schweiz	41	6,5	158	0,3	61	17[6]	178,4	27 260	3[1]	39[1]	58
Ostmitteleuropa											
Polen	313	37,9	121	0,8	61	26	69,9	1 850	15[5]	50[5]	35
Tschechoslowakei	128	15,6	122	0,3	67	24[6]	118,4[4]	7 604[4]	8[5]	67[5]	25
Ungarn	93	10,6	114	− 0,1	59	21	26,0	2 460	16[1]	40[1]	44
Nordeuropa											
Dänemark	43	5,1	119	0,0	86	18	94,7	18 470	5[1]	29[1]	66
Finnland	337	4,9	15	0,4	60	19[6]	92,0	18 610	7[1]	35[1]	58
Island	103	0,25	2	1,1	87	26[6]	5,0	20 160	12[6]	36[6]	52
Norwegen	324	4,2	13	0,3	74	19	84,2	20 020	4[1]	35[1]	61
Schweden	450	8,4	19	0,1	84	18	160,0	19 150	3[1]	35[1]	62
Westeuropa											
Belgien	31	9,9	325	0,0	97	19	143,6	14 550	2[1]	31[1]	67
Frankreich	547	55,9	102	0,5	74	20	898,7	16 080	4[1]	30[1]	66
Großbritannien	244	57,0	234	0,2	92	19	730,0	12 800	2[1]	38[1]	60
Irland	70	3,6	51	0,6	58	29[6]	26,7	7 480	10[1]	37[1]	53
Luxemburg	2,6	0,37	142	0,2	67	17[5]	8,4	22 600	3[1]	28[1]	69
Niederlande	41	14,8	361	0,5	88	19	214,5	14 530	4[1]	30[1]	66
Südeuropa											
Griechenland	132	10,0	76	0,5	61	21[6]	48,0	4 790	16[1]	29[1]	55
Italien	301	57,5	191	0,2	68	18	765,3	13 320	4[1]	34[1]	62
Malta	0,3	0,35	1 091	− 0,9	94	24	1,7	5 050	5[6]	29[6]	66
Portugal	92	10,2	111	0,3	32	23[6]	37,2	3 670	9[1]	40[1]	51
Spanien	505	39,0	77	0,5	77	22	301,8	7 740	6[1]	37[1]	57
Zypern	9,3	0,69	74	1,1	43	25[6]	4,3	6 260	23[5]	18[5]	59
Südosteuropa											
Albanien	29	3,2	109	2,1	35	−	2,4[4]	776[4]	35[5]	20[5]	45
Bulgarien	111	8,9	81	0,2	67	25	5,3[5]	5 898[5]	18[5]	50[5]	32
Jugoslawien	256	23,6	92	0,7	48	24	63,1	2 680	11[1]	43[1]	46
Rumänien	238	23,1	97	0,4	49	25[5]	38,6[5]	1 666[5]	15[5]	37[5]	48
Türkei	781	53,8	69	2,3	47	36	68,6	1 280	18[1]	36[1]	46
Sowjetunion	22 402	285,7	13	0,9	67	25	1 750,0	6 160[4]	12[5]	39[5]	49
USA	9 373	245,9	38	1,0	74	21[3]	4 863,7	19 780	2[1]	30[1]	68
Japan	372	122,4	329	4,0	77	20	2 576,0	21 040	3[1]	41[1]	56

[1] am BIP, [3] 1983, [4] 1984, [5] 1985, [6] 1986

| Quelle | A/B/D | A/B | A/B | B | A/B/D | C | B | B | A/D | A/D | A/ |

A Weltentwicklungsbericht 1987/1989, B The World Bank Atlas 1989, C Statistisches Jahrbuch 1989 für das Ausl…

der Bevölkerung 1987 in %	Erwerbstätige in der Landwirtschaft 1987 in %	Erwerbstätige in der Industrie 1987 in %	Erwerbstätige in den Dienstleistungen 1987 in %	Arbeitslose 1987 in %	Energieverbrauch je Einw. 1987 in kg ÖE	Düngemittelverbrauch je ha Anbaufläche 1986 in kg Pflanzennährstoffe	Analphabetenquote 1985 in %	Pkw je 1000 Einw. 1987	Einfuhren 1987 in Mio. US $	Ausfuhren 1987 in Mio. US $	Außenhandelssaldo 1987 in Mio. US $
	5	41	54	6,4	4531	427	< 1	463	227334	293790	+ 66456
	11	47	42	–	5680	290	< 1	212	27414	27729	+ 315
	–	–	–	–	–	–	< 1	–	–	–	–
	6	32	62	3,8	3465	206	< 1	370	32638	27163	– 5475
	7	37	56	0,7	4105	420	< 1	419	50557	45357	– 5200
	24[5]	34[5]	42[5]	–	3386	234	< 1	112	10844	12205	+ 1361
	16[5]	50[5]	34[5]	–	4845[6]	343[4]	< 1	162	23290	23013	– 277
	15[5]	40[5]	45[5]	–	3062	261	< 1	145[6]	9855	9571	– 284
	7	26	67	7,5	3887	244	< 1	321	25334	24697	– 637
	11	31	58	5,0	5581	193	< 1	344	19680	20039	+ 359
	8[6]	37[6]	55[6]	–	3510[4]	–	< 5	488	1581	1370	– 211
	7	26	67	2,1	8932	272	< 1	388	22578	21449	– 1129
	4	30	66	1,9	6453	136	< 1	400	40621	44313	+ 3692
	3	29	68	11,6	4844	528	< 1	348	82598	82951	+ 353
	10	33	57	10,6	3729	309	< 1	394	157524	143077	– 14447
	3	30	67	10,6	3805	379	< 1	318	154388	131128	– 23260
	15	28	57	18,0	2503	866	2	220	13614	15970	+ 2356
	2	39	59	2,7	8448[6]	–	< 1	443	mit Belgien zusammen		
	5	27	68	10,0	5198	769	< 1	348	91317	92882	+ 1565
	27	28	45	7,9	1971	170	8	130	12908	6489	– 6419
	10	33	57	11,0	2676	169	2	408[6]	122211	116582	– 5629
	4[6]	36[6]	60[6]	10,0[4]	1074[4]	–	16	232[5]	887	497	– 390
	22	35	43	6,8	1322	97	16	124	13483	9167	– 4316
	15	32	53	20,5	1939	90	6	266	49099	34099	– 15000
	23[6]	20[6]	57[6]	–	1303[4]	–	11	248	1279[6]	506[6]	– 773[6]
	60[5]	10[5]	30[5]	–	1664[6]	145[3]	< 5	131[5]	294[3]	302[3]	+ 8[3]
	13[5]	47[5]	40[5]	–	4590[6]	244[3]	2	127	16439	16169	– 270
	25[5]	30[5]	45[5]	16,0[5]	2115	118[3]	9	132	12549	11397	– 1152
	23[5]	32[5]	45[5]	–	3464	130	2	114[4]	11437	12543	+ 1106
	52[6]	18[6]	30[6]	15,2	750	77	<26	22	14163	10190	– 3973
	19[6]	39[6]	42[6]	–	4949[6]	99[4]	< 1	40[3]	96415	108162	+ 11747
	3	25	72	6,1	7265	91	< 1	559	422407	252567	–169840
	8	34	58	2,8	3232	427	< 1	241	146048	229055	+ 83007
D/F	C/D/F	C/D/F	C/D/F	C/D/F	A/E	A	B/E	C/E	A/C/D	A/C/D	A/C/D

Fischer Weltalmanach 1989, E Länderberichte 1988/1989, F eurostat 1988

Klimastationen

		J	F	M	A	M	J	J	A	S	O	N	D	Jahr
Aachen, 220 m	°C	2	2	6	9	13	16	18	17	15	10	6	3	10
	mm	72	59	49	63	67	77	75	82	68	64	67	62	805
Berlin, 51 m	°C	−1	0	4	9	14	17	18	18	14	9	4	1	9
	mm	43	40	31	41	46	62	70	68	46	47	46	41	581
Braunschweig, 83 m	°C	0	1	4	8	13	16	18	17	14	9	4	2	9
	mm	56	41	46	48	56	60	85	74	55	55	47	53	676
Bremen, 9 m	°C	1	2	4	8	13	16	17	17	14	9	5	2	9
	mm	50	39	44	43	53	59	78	71	55	52	45	54	643
Brocken, 1 142 m	°C	−5	−5	−2	1	6	9	11	11	8	4	0	−3	3
	mm	158	126	94	105	96	115	143	117	105	122	115	126	1 422
Dresden, 246 m	°C	−1	−1	3	8	13	16	18	18	14	9	4	0	9
	mm	38	36	37	46	63	68	109	72	48	52	42	37	648
Fehmarn, 10 m	°C	0	0	2	6	11	15	17	17	14	10	6	2	8
	mm	37	31	27	31	39	45	60	66	50	47	39	39	511
Feldberg, 1 486 m (Station)	°C	−4	−4	−1	1	6	9	11	11	8	4	0	−3	3
	mm	163	154	116	111	127	164	164	170	147	144	152	120	1 732
Frankfurt a. M. 103 m	°C	1	2	5	9	14	17	19	18	14	9	5	2	10
	mm	45	35	39	47	60	66	75	71	52	47	43	49	629
Freiburg, 269 m	°C	1	2	6	10	14	18	19	19	16	10	5	2	10
	mm	61	53	53	62	81	112	101	101	91	66	69	52	902
Garmisch-Partenkirchen, 715 m	°C	−3	−1	3	7	11	14	15	15	12	7	2	−2	7
	mm	76	55	78	99	123	176	185	162	123	76	63	80	1 296
Greifswald, 2 m	°C	−1	−1	2	7	12	16	18	18	14	9	4	1	8
	mm	40	33	30	39	45	55	69	55	59	51	36	41	553
Hamburg, 14 m	°C	0	0	3	7	12	15	17	17	13	9	5	2	8
	mm	57	47	38	52	55	64	82	84	61	59	57	58	714
Hannover, 53 m	°C	0	1	4	8	13	16	17	17	14	9	5	2	9
	mm	48	46	38	48	52	64	84	73	54	56	52	46	661
Helgoland, 4 m	°C	2	2	3	6	10	14	16	17	15	11	7	5	9
	mm	54	43	35	39	43	44	81	89	80	82	63	55	708
Isny, 714 m	°C	−3	−2	2	7	11	15	16	15	13	7	2	−2	7
	mm	130	119	99	109	158	187	207	172	155	123	118	106	1 683
Kahler Asten, 835 m	°C	−3	−3	0	4	9	12	13	13	10	5	1	−2	5
	mm	148	128	94	112	90	111	131	135	108	128	132	137	1 454
Karlsruhe, 115 m	°C	1	2	6	10	14	18	20	19	15	10	5	2	10
	mm	66	56	43	59	66	84	76	80	66	56	57	52	761
Kassel, 158 m	°C	0	1	5	9	13	17	18	17	14	9	5	2	9
	mm	47	42	33	47	60	64	70	66	52	53	49	46	629
Kiel, 47 m	°C	0	0	2	6	11	14	16	15	13	8	4	1	8
	mm	58	45	48	48	45	55	74	85	63	68	62	66	717
Köln, 68 m	°C	1	2	5	9	13	17	18	17	14	10	8	2	10
	mm	51	47	37	52	56	83	75	82	58	54	55	51	701
Konstanz, 398 m	°C	−1	0	4	9	13	16	18	17	14	9	4	0	9
	mm	51	46	43	50	79	101	110	94	81	55	48	46	804
List (Sylt), 16 m	°C	1	0	2	6	11	14	16	17	14	10	6	3	8
	mm	48	35	31	34	40	42	65	88	79	76	60	53	651

		J	F	M	A	M	J	J	A	S	O	N	D	Jahr
Lübeck, 13 m	°C	0	0	3	8	12	16	18	17	14	9	5	2	9
	mm	54	45	39	48	56	62	85	85	60	59	54	51	698
Magdeburg, 79 m	°C	0	0	4	9	13	16	18	18	15	10	5	1	9
	mm	36	31	29	35	49	58	64	57	38	43	40	33	513
München, 518 m	°C	−2	−1	3	7	12	15	17	16	13	7	3	−1	7
	mm	51	38	50	77	93	117	128	102	89	57	47	55	904
Münster, 65 m	°C	1	2	5	8	13	16	17	16	14	9	5	2	9
	mm	66	49	57	52	56	69	84	79	64	68	60	73	777
Norderney, 13 m	°C	1	2	4	7	11	14	17	17	15	11	6	3	9
	mm	58	42	40	41	43	49	78	80	80	78	72	59	720
Nürnberg, 310 m	°C	−1	0	4	8	13	17	18	17	14	8	4	0	8
	mm	43	39	35	40	55	71	90	75	46	46	41	42	623
Saarbrücken, 323 m	°C	0	1	5	9	13	16	18	17	14	9	5	1	9
	mm	78	65	48	56	59	72	69	80	68	60	69	72	796
Schleswig, 43 m	°C	0	0	2	6	11	14	16	16	13	9	5	2	8
	mm	69	56	43	54	56	59	83	97	81	83	68	65	814
Stuttgart, 259 m	°C	1	2	6	10	14	18	19	19	16	10	6	2	10
	mm	48	42	38	51	74	94	79	79	62	48	48	40	703
Ulm, 522 m	°C	−3	1	3	8	12	15	17	16	13	7	3	−1	8
	mm	49	43	40	44	77	101	110	81	68	52	47	42	754
Wasserkuppe (Rhön), 921 m	°C	−4	−3	0	4	9	12	13	13	10	5	1	−2	5
	mm	98	83	62	78	87	107	120	116	98	99	83	93	1 124
Zugspitze, 2 963 m	°C	−11	−11	−10	−7	−3	0	2	2	0	−4	−7	−10	−5
	mm	115	112	136	195	234	317	344	310	242	135	111	139	2 390
Athen, 105 m Griechenland	°C	9	10	11	15	19	23	27	26	23	19	14	11	17
	mm	54	46	33	23	20	14	8	14	18	36	79	64	409
Bukarest, 82 m Rumänien	°C	−3	−1	5	12	17	21	23	23	18	12	5	0	11
	mm	43	36	35	47	69	87	55	49	30	44	43	41	579
Helsinki, 12 m Finnland	°C	−6	−6	−3	2	8	13	17	15	10	6	1	−4	4
	mm	53	51	43	40	47	49	62	82	73	66	69	61	696
London, 5 m England	°C	4	5	7	9	12	16	18	17	15	11	8	5	11
	mm	54	40	37	37	46	45	57	59	49	57	64	48	593
Madrid, 667 m Spanien	°C	5	6	9	11	16	20	23	24	19	13	8	5	13
	mm	25	46	37	35	40	34	7	5	35	46	57	43	410
Moskau, 144 m UdSSR (oberes Wolgagebiet)	°C	−10	−8	−4	4	13	16	19	17	11	4	−2	−7	4
	mm	28	23	31	38	48	51	71	74	56	36	41	38	533
Paris, 52 m Frankreich	°C	3	4	7	10	14	17	19	18	16	11	7	4	11
	mm	54	43	32	38	52	50	55	62	51	49	50	49	585
Rom, 46 m Italien	°C	7	8	11	14	18	23	26	26	22	18	13	9	16
	mm	74	87	79	62	57	38	6	23	66	123	121	92	828
Warschau, 107 m Polen	°C	−3	−2	1	8	14	17	19	18	14	8	3	−1	8
	mm	23	26	24	36	44	62	79	65	41	35	37	30	502

Sachverzeichnis

69

Nachweise

Bildnachweis

ADN, Berlin (Ost): 37 re o

Anthony, Starnberg: 39 li o (Büth)

Bavaria, München: Um h o (Hardenberg), 9 re o (Mollenhauer)

CMA, Bonn: 35 li o

DBB, Film- und Bildstelle, Mainz: 45 re o

Deutsche Luftbild, Hamburg: 6 (8/42229), 43 li o (0/44524)

dpa, Frankfurt/M.: 47 li o (17. 01. 1979), 15 re m, 15 re u

Eckert, Deggendorf: 19 re o

Enkelmann, Filderstadt: 17 re o m

Huber, Garmisch-Partenkirchen: 17 re u, 33 re o

Jürgens, Köln: 19 li o

Landesbildstelle Berlin, Berlin (West): 10 re u

Löbl-Schreyer, Bad Tölz: Um vo u

Mauritius, Mittenwald: Um vo m (Rossenbach)

Muuß, Altenholz: Um vo o (SH-151/1406)

Naturpark Stromberg-Heuchelberg, Geschäftsstelle, Sternenfels: 21 li o (Riedt)

Opel AG, Rüsselsheim: 41 re o

Realfoto, Weil der Stadt: 17 re o

Regierungspräsidium Niedersachsen, Presse- und Informationsamt, Hannover: 31 re o (11/4581/78)

Schmid, Besigheim: 27 re o

Soltau-Kurier-Norden, Norden: 29 re o

Sperber, Hamburg: 27 re u, 51 re o

Steinkohlenverband, Essen: 37 li o

Studer, Großhöchsten, CH: 23 li, m, re, 25 re o

Superbild, Grünwald: Um h m (Pach), Um h u (Bach)

Ullstein, Berlin (West): 10 re o (221 119 1248-31), 10 re m (221 119 1249-27), 15 re o

Wagner, Esslingen: 29 li o, 49 li o

Württembergische Landesbildstelle, Stuttgart: 17 re u m

Grundlagen für Grafiken und Tabellen

Nach: Bayerisches Landesamt für Statistik und Datenverarbeitung: Einwohnerzahlen am 31. 12. 1986. München 1987: 33 li u

Nach: DDR-Handbuch. Hrsg.: Bundesministerium für innerdeutsche Beziehungen. Köln 3. Aufl. 1985: 45 li m

Nach: Fuchs, Gerhard: Die Bundesrepublik Deutschland. Stuttgart 1. Aufl. 1977, S. 98 und Neubearb. 1983, S. 104: 33 li u

Nach: Hübner, Emil/Rohlfs, Horst-Hennek: Jahrbuch der Bundesrepublik Deutschland 1988/89. München 1988: 45 re u

Verändert nach: Regionaler Planungsverband München: Karte zur Raumstruktur. Planregion 14. München 1987: 33 re u

Nach: Statistisches Jahrbuch 1988. Stuttgart 1988: 33 li u

Kartengrundlagen

Nach: Deutsche Verbundgesellschaft: Daten aus der Stromversorgung der Bundesrepublik Deutschland. Heidelberg 1987; und Glückauf Jahrbuch Bergbau, Öl und Gas, Elektrizität, Chemie, Hrsg.: Ch. Brecht u. a., Essen: 38

Verändert nach: Gewässergütekarte der Bundesrepublik Deutschland 1990. Beilage zu: Die Gewässergütekarte der Bundesrepublik Deutschland. Bearb. und Hrsg.: Länderarbeitsgemeinschaft Wasser – Arbeitsgruppe Gewässergütekarte. Stuttgart 1990: 50

Teilweise ergänzt und verändert nach: Becker, F.: Die Bedeutung der Orographie in der medizinischen Klimatologie. In: Geographisches Taschenbuch 1970/72. Wiesbaden 1972: 28

Naturparkkarte 1:50 000 Stromberg-Heuchelberg (Ausschnitt). Hrsg.: Landesvermessungsamt Baden-Württemberg, Stuttgart. Genehmigt unter AZ 5.11/494: 21 re o

Verändert nach: Daten zur Umwelt 1986/87. Hrsg.: Umweltbundesamt. Berlin 1987: 48

Nach: Daten zur Umwelt 1988/89. Hrsg.: Umweltbundesamt. Berlin 1989: 46

AUTHOR

TITLE *Kleine Deutschlandkunde*

This book is to be
the last da

Date
8/2/00